Margaret Capel

Ein Roman (Band 2)

Ellen Wallace

Writat

Diese Ausgabe erschien im Jahr 2024

ISBN: 9789359944449

Herausgegeben von
Writat
E-Mail: info@writat.com

Inhalt

KAPITEL I.

Wohin wir blicken, oben, umher, unten,
welche Regenbogenfarben, welche magischen Reize sind zu finden! Felsen,
Flüsse, Wälder, Berge, alles gibt es in Hülle und Fülle; und blauste Himmel,
die das Ganze
harmonieren . Darunter verrät das rauschende Geräusch des fernen
Wildbachs, wohin der voluminöse Katarakt rollt, zwischen diesen
hängenden Felsen, die die Seele schockieren und doch erfreuen.
BYRON.

Es gibt einen Küstenabschnitt in einer der südlichen Grafschaften Englands,
der, ohne die Erhabenheit einer fremden Landschaft anzustreben, durch die
Abruptheit und Mannigfaltigkeit seines Umrisses eine gewisse Erhabenheit
besitzt. Hohe Klippen ragen kühn ins Meer hinaus, während sich das mittlere
Ufer in sanften und unsicheren Wellen hebt und senkt. Über viele Kilometer
landeinwärts setzt sich dieser unregelmäßige Charakter der Oberfläche fort.
Der Boden hebt und senkt sich so plötzlich, dass an vielen Stellen die Bäume,
die die Gipfel der Hügel bedecken, den Himmel im Tal fast vor dem
Betrachter versperren; Während viele farbige Felsen durch ihre wilden
Formen und reichen Farbtöne variieren, ist die gleichmäßige Linie des
Grüns, die sich über die steilen Seiten dieser Schluchten erstreckt,
unterschiedlich.

Dieser Teil des Landes ist reich an Szenen von besonderer Schönheit. Bäche
rieseln aus dem Schatten tiefer Dickichte oder glitzern in steinigen, mit
Schlingpflanzen bewachsenen Zellen am Fuße eines wirren Haufens
zerbrochener Steine.

Berg und Tal drängen sich in schneller Folge aufeinander – jede Wegbiegung
führt zu neuen Aspekten der Aussicht. Jetzt wird der Blick des Reisenden
von hohen Ufern begrenzt, die mit Bäumen und verworrenem Reisig
bewachsen sind; Jetzt fällt der Boden so allmählich ab, dass man in der Ferne
das Meer erkennen kann, das im Sonnenschein zittert oder sich in rauem
Schaum auf der langen braunen Linie des Strandes bricht.

Auf halbem Weg zwischen einer dieser kühnen Landzungen und dem Ufer
stand ein wunderschönes Häuschen mit einem dicht bewaldeten Hügel auf
der Rückseite und einem sehr gepflegten Gartengrundstück auf der
Vorderseite, während die Seite des Hauses so nah am Rand stand von einem
plötzlichen Abstieg in der Klippe, davon, dass zwischen den Gartenfenstern
nichts als ein breiter Terrassenweg dazwischen lag, und von dem abrupten

Abhang, der von den Wellen umspült wurde, wenn die Flut höher als gewöhnlich war.

Es war ein genialer Abend. Die Sonne war fast bis zum Horizont gesunken, und ein langer Pfad aus goldenem Licht fiel auf das ruhige Meer und den nassen Sand, aus dem sich die Wellen gerade zurückgezogen hatten.

Ein schwacher Glanz schien die Luft zu erfüllen und Hügel, Bäume und Himmel in einem sanften und vielfarbigen Farbgewirr zu verschmelzen ; während die verlängerten Strahlen ihren leuchtenden Weg durch die schlanken Stämme der Bäume zogen und wie Diamanten auf die dunklen Bäche fielen, die zu Beginn des Tages im Schatten im Unterholz lagen.

Es war ein Abend, an dem die ganze Erde so hell, so kostbar, in Sonnenlicht getaucht aussah und sich der Stille hingab, die zu dieser ruhigen Stunde gehört, dass es schien, als ob diese untere Welt nur von Feen oder anderen so zerbrechlichen Menschen angemessen bewohnt werden könnte Geschöpfe der Fantasie. Dies waren jedoch nicht die Bewohner der Hütte am Hügel; aber eine hübsche alte Dame in einer antiken Mütze und einem schwarzen Seidenkleid, die wie eine Haushälterin oder vertrauliche Dienerin aussah und sich über das gotische Tor am Ende des Gebüschs beugte und die kurvenreiche Straße entlang blickte, als ob man auf einige erwartete Reisende achtete .

Ihre Geduld wurde nicht länger auf die Probe gestellt. Wenige Minuten später sah man eine Kutsche schnell auf das Haus zufahren. Die alte Frau zog sich auf die Veranda zurück; Die Kutsche fuhr vor, und eine Dame von gebieterischem Aussehen stieg herab, gefolgt von einem schlanken, anmutigen Mädchen.

„Ah! Schwester, liebe Schwester! Wie freue ich mich, dich zu sehen!" rief die junge Dame und warf sich in die Arme der alten Frau.

„Willkommen in England! Willkommen zurück, mein Schatz!" sagte die Krankenschwester und versuchte , der älteren Dame einen Knicks zu machen, während sie in den Armen der jüngeren gefangen war.

„Ich freue mich, Sie wiederzusehen, Schwester Grant", sagte Mrs. Fitzpatrick, die ältere der beiden Damen, „Aveline, meine Liebe, wir stehen hier nur im Weg – lass uns hineingehen."

„Ja, Mama. Ich sehne mich danach, die schönen Zimmer wiederzusehen. Wie gemütlich alles aussieht! Schwester, komm herein. Mama, du hast gesagt, dass die Schwester heute Abend mit uns Tee trinken soll."

„Ja, wenn es der Amme gefällt", sagte die Dame, als sie in den Salon gingen, wo Tee in all der englischen Köstlichkeit dieser Mahlzeit auf sie wartete.

„Aveline hat sich von Southampton aus auf Ihre Firma verlassen , Mrs. Grant.“

„Segne sie, mein Liebling!“ sagte die alte Frau. „Sie ist müde von der Reise, nicht wahr? Ich hoffe, sie will etwas essen. Ein frisches Ei oder ein kaltes Hühnchen, Miss Aveline?“

„Iss, Schwester! Du wirst sehen, wie ich esse.“ sagte die junge Dame und trat an den Tisch. „Ich sollte mich schämen, wenn jemand außer dir mich nach einer langen Reise essen sehen würde. Ich bin so hungrig!“

„Ihr Appetit ist sehr gut“, sagte Mrs. Fitzpatrick in entschiedenem Ton. „Sie ist in jeder Hinsicht zurückgekommen, Schwester, besser als sie war. Ihr Aufenthalt in Italien war für sie von größtem Vorteil.“

"Gott sei Dank!" sagte Mrs. Grant und sah die junge Dame ernst an. „Dann gibt es auch im Ausland etwas Gutes.“

„Oh, Krankenschwester!“ rief Aveline. „Kein Wort gegen Italien. Es ist das einzige Land, das das Leben genießt und verbessert. Wenn dies nicht unsere Heimat wäre , hätte ich mein Leben in Neapel oder – Sorrent verbringen können.“

„Sie mochten Sorrento sehr“, sagte Frau Fitzpatrick und sah ihre Tochter fragend an.

„Ja. Das heißt, ich hatte es endlich satt. Es war eine große Erleichterung, nach Mailand weiterzufahren, da gibt es etwas am Meer, das – eine Monotonie meine ich – nach –“

„Dennoch hättest du dein Leben dort verbringen können;“ sagte Mrs. Fitzpatrick in gedämpftem Ton.

„In Italien, Mama? An irgendeinem Ort in Italien. Es ist nicht der Ort, sondern die dünne, warme Luft, die mir das Gefühl gibt, so voller Leben zu sein. Oh, liebe Krankenschwester, du siehst wirklich so hübsch aus. Du kannst dir nicht vorstellen, wie hässlich die Alte ist.“ Italienische Frauen sind es mit ihrer dicken braunen Haut, den tiefen Falten und dem groben, ergrauten Haar. Engländer haben auf jeden Fall eine zartere Textur. Sogar ich galt in Italien als hübsch.“

„Hübsch in Italien!“ sagte die alte Dame empört. „Ich denke, Miss Aveline , die Herren müssen sich seit meiner Zeit sehr verändert haben, wenn Sie nirgendwo für hübsch gehalten werden.“

„Oh, sei still, Schwester!“ sagte Aveline und hob ihren Finger. „Es ist nur sicher, kleinen Kindern zu sagen, dass sie hübsch sind. Erwachsene sind zu bereit, es zu glauben.“

„Hier spielt es keine Rolle, Miss Aveline", sagte die alte Frau. „Sie haben keine Nachbarn ."

„Keine Nachbarn , Schwester? Ich habe nur gewartet, bis wir mit dem Tee fertig waren, um Sie nach allen zu fragen. Wie geht es der guten alten Witwe in der Kirche – und Mrs. Wood, der Bäckerin – und der jungen Mrs. Wood bei der Post? ? Und Harding, der Zimmermann – und die Fischerfamilie auf der anderen Seite der Klippe? Ist die kleine Jane so hübsch wie eh und je? Natürlich nicht. Ihr Vater, den ich kenne, hat ihr alle Locken abgeschnitten, wie er es immer tut, und sie ist es auch Sie fängt an, ihre Zähne zu verlieren, so dass sie in diesen zehn Jahren nicht mehr sehenswert sein wird.

Während sie so lebhaft redete, blickte die alte Frau mit ernster und besorgter Miene auf ihr Gesicht.

Aveline war furchtbar dünn; ihre Hände, die sie beim Sprechen mehr als bei einer Engländerin benutzte, waren fast durchsichtig; und vor Müdigkeit waren die blauen Adern in alle Richtungen über sie gestiegen. Die Farbe auf ihren Wangen war wie ein heller Rougefleck unter jedem Auge fixiert und verlieh Augen, die dunkel wie die Nacht und bemerkenswert für ihre Größe waren, einen Glanz, der in seinem Ausdruck fast wild war.

Mrs. Fitzpatrick, die den Blicken der Krankenschwester mit einem Eifer folgte, den sie kaum unterdrücken konnte, fing ihren Blick auf und schwieg, während sie ihren Blick mit einer Intensität, die sie kaum ertragen konnte, auf das Gesicht der alten Frau richtete. Es schien, als ob sie unbedingt die Meinung der Krankenschwester über ihr Kind lesen wollte, aber ebenso darauf bedacht war, sie dann nicht zu äußern.

„Nun, Schwester", sagte Aveline, „was gibt es Neues? Ich hoffe, dass all diese guten Menschen nicht tot sind, dass Sie über ihre Vorgänge ein so tiefes Schweigen bewahren."

„Alles so, wie Sie es verlassen haben, Miss Aveline", sagte die Krankenschwester und riss sich aus ihrer Betrachtung auf. „Ich kann nichts Positives über die Schönheit der Kinder des Fischers sagen; obwohl ich immer drei oder vier Lockenköpfe an seiner Tür sehe, wenn ich vorbeigehe. Er hat im Winter ein armes kleines Kind mit Keuchhusten verloren. Die Nachbarn sagten, das sei so eine Gnade, da er eine so große Familie hatte, aber ich weiß nicht, ob die Eltern sich deswegen weniger gefühlt haben.

"Arme Leute!" sagte Aveline. „Ich sage dir was, Mama, ich werde morgen früh aufstehen und mit Susan in die Hütte gehen und ein paar Garnelen zum Frühstück kaufen; und dann werde ich sehen, was die Kinder gerne als Geschenk hätten. I Ich bin immer so froh, wenn die Leute schöne, saubere kleine Strohhäubchen brauchen. Es ist nichts Romantisches, Flanellunterröcke oder dicke Kammgarnstrümpfe zu verschenken.

viel Komfort verschenken ."

„Und wenn Sie vorhaben, morgen einen langen Spaziergang zu machen", sagte Mrs. Fitzpatrick, „sollten Sie heute Abend besser nicht länger aufbleiben. Sie haben eine lange Reise hinter sich und sollten vorsichtig sein, auch wenn Sie sie bemerkenswert gut ertragen haben." ."

Aber Aveline war nicht bereit, in den Ruhestand zu gehen. Obwohl sie offensichtlich unter Übermüdung litt, wanderte sie weiterhin ruhelos durch das Zimmer und betrachtete all die kleinen Ornamente, mit denen es übersät war. Mrs. Grant bemerkte mit Schmerz, dass ihr Schritt träge war und dass sie sich beim Gehen stark bückte. Plötzlich bekam sie einen quälenden Hustenanfall.

„Eine Lutschtablette, bitte, Mama", sagte Aveline und trat an den Stuhl ihrer Mutter.

„Jetzt, Aveline, ich weiß, dass du müde bist", sagte Mrs. Fitzpatrick, „nimm deine Lutschtabletten und geh sofort zu Bett. Sie hustet immer", sagte sie und wandte sich an Mrs. Grant, „wenn sie übermüdet ist. Das tat sie immer." ein Kind." „Kommen Sie, Miss Aveline", sagte Mrs. Grant, „ich gehe gleich nach Hause – lassen Sie mich Sie verabschieden. Liebes Herz! Wie ich mich an die Zeit erinnere, als Sie ein kleines Mädchen waren; was für eine Mühe es immer gab du ins Bett.

„Warum gibt es von euch guten Leuten besondere Geheimnisse, über die ihr mich besprechen wollt?" sagte Aveline lachend, „was hast du Mama von den Truthahnküken und den Perlhühnern zu erzählen, damit ich es nicht höre? Aber gute Nacht, Amme, ich werde dich morgen früh in deiner Hütte quälen und plündern." Deine Erdbeerbetten, von denen du weißt, dass sie viel besser sind als unsere. Was dich betrifft, Mama, ich werde nicht gute Nacht sagen, denn du wirst oben sein, lange bevor ich schlafe.

„Ihre Stimmung ist ausgezeichnet, Schwester", sagte Mrs. Fitzpatrick in einem Ton, der schien, als wolle sie sich dieser Tatsache vergewissern.

„Sie sind – sehr hoch, Ma'am;" sagte Frau Grant. „Wie sieht sie deiner Meinung nach aus?" fragte Frau Fitzpatrick.

„Ich werde es morgen besser sagen, Ma'am", sagte die alte Frau mit ziemlich unsicherer Stimme; „Ich möchte, ich gestehe, sie etwas weniger dünn aussehen sehen."

„Sie war als Kind immer dünn, wenn Sie sich erinnern, Mrs. Grant, und wenn ein Mädchen sehr groß wird, wird es natürlich gleichzeitig auch dünn. Davon halte ich mir nichts."

„Nein, nein, Ma'am", sagte Mrs. Grant fröhlich, „junge Mädchen sehen manchmal dünn aus."

„Sie war in Nizza sehr krank, wissen Sie; der Nordostwind brachte ihren Husten zurück und machte uns große Angst. Und wir hatten einen verzweifelten Mann als unseren Arzt. Es gibt nichts Ungünstigeres für einen Invaliden als einen diese überängstlichen Menschen. Aber jetzt, wo das Wetter warm ist, geht es ihr gut."

Mrs. Grant spürte, wie ihre Hoffnungen schnell schwanden, als sie erfuhr, dass die Meinung des Mediziners ungünstig war . Sie hielt es für ein schlechtes Zeichen , dass er verzagen sollte, da ihn kein besonderes Interesse dazu veranlasste, den Fall zu übertreiben.

„Sie können keine Ahnung haben", sagte Mrs. Fitzpatrick, „was wir in Nizza erlitten haben. Sie haben von den Vorurteilen gehört, die die Italiener gegenüber jeder Krankheit hegen, die ihrer Meinung nach zu Schwindsucht führt. Und Aveline hatte so etwas wie einen Husten." – Kurz gesagt, Mrs. Grant, sie bildeten sich ein, dass es meinem armen Kind schlechter ginge; und als es ihr am schlimmsten ging, erschraken sie und befahlen uns im Handumdrehen, unsere Unterkünfte zu verlassen. Aveline war zu krank, um zu reisen – Unsere Gastgeberin war gebieterisch – und ich wusste genau, dass kein anderes Haus uns aufnehmen würde. Da hörte eine unserer Landsfrauen, eine Mrs. Maxwell Dorset, von unserer Not, suchte uns auf und bot uns sofort Wohnungen an Ihr Haus. Es war unmöglich, sich in einer solchen Zeit an Zeremonien zu halten. Ich akzeptierte ihre Freundlichkeit, und wenn wir ihre nächsten Verwandten gewesen wären, hätten wir weder herzlicher empfangen noch sorgfältiger umsorgt werden können."

„Gott sei Dank, dass Sie auf englischem Boden wieder sicher sind", sagte die alte Amme; „wo wir zumindest keine kranken Menschen auf die Straße schicken, die Heiden! Und der Himmel belohnt die gute Frau, die in Ihrer Not Mitleid mit Ihnen hatte."

Und mit diesen Worten verabschiedete sich Mrs. Grant.

Sobald Mrs. Fitzpatrick allein war, setzte sie sich vor ihre Schreibmappe und schien gedankenverloren, den Kopf auf die Hand gestützt. Sie hatte nur wenige und entfernte Verwandte und lebte seit ihrer Witwenschaft so zurückgezogen, dass sie außer zwei oder drei benachbarten Familien kaum Freunde hatte. Sie hatte in jungen Jahren viel in der Welt gelebt; Aber nachdem sie sich in die Einsamkeit zurückgezogen hatte, hatte die Welt ihr das übliche Kompliment gemacht und ihre Existenz vergessen. Als sie noch sehr jung war, hatte sie mehrere Kinder verloren, und ihre ganze Zuneigung galt diesem einzigen Mädchen, dessen Gesundheitszustand so prekär war. Sie schrieb ein paar Zeilen an einen angesehenen Mediziner, der ein paar Meilen entfernt wohnte, um ihre Rückkehr anzukündigen und ihn zu bitten, keine Zeit zu verlieren, ihnen einen Besuch abzustatten.

„Es ist am besten, auf der sicheren Seite zu sein." Sie sagte zu sich selbst: „Aveline gewinnt an Stärke; aber Mr. Lindsay könnte mir ein Mittel zeigen, das mir entfallen würde. Er ist so klug und kennt ihre Konstitution von Kindesbeinen an. Ich bin sicher, er wird denken, dass sie sich durch sie verbessert hat." Wohnsitz im Ausland."

Mit diesen Worten stand sie auf, um sich für die Nacht zurückzuziehen. Als sie ihren Blick durch das Zimmer richtete, sah sie Avelines Handschuhe, ihr Taschentuch und ihren Schal herumliegen, die sie mit der Nachlässigkeit der Jugend beiseite geworfen und vergessen hatte. Diese sammelte sie zusammen und faltete sie mit jener unbeschreiblichen Miene der Zärtlichkeit zusammen, die sich bei einer Mutter manchmal auf die Kleinigkeiten ausdehnt, die ihr Kind getragen oder berührt hat; und ging dann die Treppe hinauf, um einen letzten Blick auf Aveline zu werfen – und um zu schlafen, wenn sie konnte.

KAPITEL II.

Mächtige Macht, alle Mächte oben!
Große, unbesiegbare Liebe! Du, der du in sanften Grübchen
auf der Wange der zarten Jungfrau
liegst : Dir, dem Reichen und Großen, gehorche; jedes Geschöpf besitzt
deine Macht. Über die weite Erde und über die Hauptstrecke dehnt sich
deine universelle Herrschaft aus. SOPHOKLES.

Für diejenigen, die als Zuschauer das Spiel des Lebens betrachten, ist vielleicht kaum etwas merkwürdiger, als zu sehen, wie im Strom der Zeit Menschen, die am stärksten gespalten sind und am wenigsten wahrscheinlich miteinander in Berührung kommen, von diesen unwiderstehlichen Wellen herumgewirbelt werden näher und näher, bis sie sich schließlich treffen; oder wenn keine Kollision stattfindet, bleibt der Verlauf des einen bestehen, zieht sich in seinen Lauf oder verändert auf seltsame Weise den Verlauf des anderen.

Ashdale träumte , dass ein krankes Mädchen in einer anderen Grafschaft, das sie noch nie gesehen und dessen Namen sie noch nie gehört hatte, einen seltsamen Einfluss auf ihr zukünftiges Schicksal ausüben würde.

Herr Haveloc war ständig in Ashdale . Er ging zwar hin und her von seinem eigenen Zuhause zu dem von Mr. Grey, aber seine Besuche in seinem Haus waren wunderbar kurz und die in Ashdale immer länger. Seine Aufmerksamkeit und seine Hingabe an Margaret nahmen täglich zu; Sie hatte nie Gelegenheit, einen Wunsch zu äußern. Er schien alle ihre Gedanken zu erraten, alles vorwegzunehmen, was sie möglicherweise genießen konnte. Und er war besonders die Art von Charakter, die sie interessierte; Seine Fehler waren nicht geeignet, ihr in die Quere zu kommen, und die Ernsthaftigkeit seines Wesens passte zu ihren Vorstellungen von Liebesromantik. Sie würde eine Andacht, die keine Pause kannte und Tag für Tag nur an sich selbst dachte, kaum missverstehen.

Dann steigerten sich seine Kenntnisse, die für einen Mann, der seinen Lebensunterhalt nicht verdienen musste, zwar eher oberflächlich, aber ungewöhnlich waren – seine Sprachkenntnisse, seine Leistungen – alles Dinge, die er nie hervorbringen wollte, die ihr aber durch den Zufall nach und nach offenbarte seine Macht über ihren Geist.

Männer können einer Frau die Errungenschaften nicht verzeihen, obwohl sie manchmal eine Art natürliche Klugheit verzeihen; Aber es ist eine weit verbreitete Geschichte, dass Frauen vom Genie oder der Gelehrsamkeit eines Mannes beeinflusst werden.

Margaret war sich der Ungeduld seines Temperaments kaum bewusst, die er außer Mr. Casement nie zeigte, als sie völliges Mitgefühl für ihn hatte; Aber sie bemerkte täglich seine Aufmerksamkeit für ihren Onkel, seine Sorge um seine Gesundheit und die Bereitwilligkeit, mit der er seine Abende opferte, um seinen alten Freund zu unterhalten. Alles, was sie vor ihrer Bekanntschaft über ihn gehört hatte, wurde zu Fakten zusammengefasst, die für ihn von Vorteil waren. Sie erinnerte sich an die Verteidigung der Dame und ihrer Tochter in Kalabrien. Sie vergaß Mrs. Maxwell Dorset völlig.

Nachdem sie Hubert Gage abgelehnt hatte, war sie zunächst ziemlich verärgert und beunruhigt über seine Beharrlichkeit. Er besuchte Mr. Grey, er schrieb ihr, er beschrieb sich selbst als abgelenkt, sich selbst als im Irrtum. Er war fest davon überzeugt, dass sie füreinander geschaffen waren; und dass Margaret sich einer starken Illusion hingab, als sie zu diesem Thema nicht so dachte wie er. Margaret begann den Namen Hubert Gage zu fürchten und ihm nicht zu gefallen; sie hatte Angst, ihn auf ihren Spaziergängen zu treffen; Jedes Klingeln ließ sie befürchten, dass er sie besuchen würde. Und ob es nun seine Jugend oder sein Gemüt war, das muss man dafür verantwortlich machen, dass er sich in der Angelegenheit sehr unvernünftig verhalten hat. Er nahm seine Enttäuschung überhaupt nicht wie ein Philosoph auf; Und als der krönende Abschluss des Ganzen war, dass Kapitän Gage, nachdem er ihm mit unendlicher Mühe ein Schiff beschafft hatte, die Ernennung unter irgendeinem unbedeutenden Vorwand ablehnte und darauf beharrte, in der Nachbarschaft zu bleiben ; zum großen Ärger seiner Familie und zum Ärger von Margaret.

Schließlich konnte er überredet werden , seinen Bruder zu begleiten, der nach Irland zurückkehrte; und dann hatte Margaret eine Zeit des Friedens. Sie konnte Elizabeth sehen, wann immer sie wollte; und Mr. Gray hörte auf, den armen Hubert zu bemitleiden, als er ihn nicht mehr am Haus vorbeigehen oder trostlos in die Kirche schauen sah.

Da Margaret keine weibliche Begleiterin hatte, sagte ihr ihr natürliches Feingefühl, dass sie niemals mit Mr. Haveloc allein sein sollte ; aber diese ruhigen Abende waren fast tête-á-tête, wenn ihr Onkel in seinem Sessel schlief und sie arbeitete am Feuer, immer mit Mr. Haveloc an ihrer Seite, der mit leiser Stimme mit ihr redet oder ihr vorliest oder sie Italienisch sprechen lässt und spielerisch ihre Fehler korrigiert.

Und wenn der Frühling in den Sommer überging und Mr. Gray seinen Stuhl an das große Fenster stellen ließ, das sich auf die breite Terrasse öffnete, überredete Mr. Haveloc Margaret, den Weg auf und ab zu gehen, immer in Sichtweite, wenn auch nicht in Hörweite. von ihrem freundlichen Onkel, dessen große Freude es war, sie beim Vorübergehen und Wiedervorbeigehen zu beobachten.

Der Mond war aufgegangen und leuchtete hell hinter einer der dunklen Zedern auf dem Rasen. Ein Teil des glatten Rasens wurde durch sein eigenartiges Licht fast weiß, während die Bäume ihre tintenschwarzen Schatten nach vorne auf das Gras warfen. Jede Blume, halb geschlossen und mit Tau behangen, verströmte ihren süßesten Duft.

„Und Ihnen gefällt Sonnenlicht wirklich besser, Herr Haveloc ?" sagte Margaret, als sie innehielten, um die Landschaft zu betrachten.

„Gutes, ehrliches Sonnenlicht – stark genug, um alles in Nebel zu tauchen, das tue ich wirklich", antwortete Herr Haveloc .

„Sie denken an Italien?"

„Nein; an englischen Sonnenschein. An Italien denke ich nie."

Diese letzten Worte wurden so gesprochen, als wollte er daraus schließen, dass es in seiner unmittelbaren Nachbarschaft etwas viel Anziehenderes als Italien gab .

Ihre Hand ruhte auf seinem Arm; er drückte darauf, und sie versuchte nicht, es zurückzuziehen. Zweifellos hatte sie das Gefühl, seine Liebe zu respektieren; er drückte es auf seine Art aus, und sie war sich sicher, dass er keine Unwahrheiten begehen würde. Ihr Onkel hatte alles im Auge, und wenn er damit nicht einverstanden gewesen wäre, hätte er dem schon früher ein Ende gesetzt. Es machte sie vollkommen glücklich und machte ihr nur ein wenig Angst, als sie glaubte, er sei im Begriff, etwas Entscheidendes zu sagen. Am liebsten hätte sie genau so weitergemacht wie damals.

„Das ist sehr hübsch", sagte Herr Haveloc , als sie gegenüber den dunklen, traurigen Zedern erneut innehielten.

„Oh, wunderschön!" gab Margaret zurück. „Wenn es nur ein paar alte Eichen in der Gegend gäbe: Aber diese Eschen auf der Wiese neben dem Wäldchen – die sind doch wirklich herrlich, nicht wahr?"

„Sehr gut! Als ich hier als Mündel von Mr. Grey wohnte, glaube ich, dass ich diese Bäume einmal in der Woche skizzierte."

„Ich wünschte, ich könnte skizzieren!"

„Du? Ich habe keinen Respekt vor den Künsten; mir wäre es lieber, wenn jemand Bilder wertschätzt, als sie zu malen."

„Aber glauben Sie nicht, dass es einem hilft, sie zu schätzen, wenn man sie malt?"

„Ich denke, es lehrt einen, die Schwierigkeiten zu kennen, aber die Gefühle nicht zu spüren."

„Onkel Grey, riechst du das chinesische Geißblatt?" fragte Margaret und blieb vor dem Fenster stehen.

„Ja, meine Liebe; es ist heute Abend sehr stark."

„Bist du bereit für deinen Tee, Onkel?"

„Ich bin in etwa zehn Minuten da, meine Liebe."

„Können Sie zehn Minuten erraten, Herr Haveloc ?"

Herr Haveloc schaute auf seine Uhr und konnte die Zahlen nicht unterscheiden. Margaret dachte, sie könnte besser sehen. Er hielt ihr die Uhr hin – sie brütete vergeblich darüber.

„Sie müssen es jetzt erraten, Herr Haveloc ."

„Herr Gray ist nicht sehr wählerisch", sagte Herr Haveloc , „ich denke, ich kann es wagen."

Sie gingen bis zum Ende der Terrasse.

„Erinnern Sie sich an einen Tag, als ich das Abendessen warten ließ", sagte Herr Haveloc .

„Oh ja! Ich erinnere mich", sagte Margaret seufzend – es war der Tag, an dem ihre Probleme mit Hubert Gage begonnen hatten. „Mr. Casement war so verärgert, weil er Ihre Angelegenheit mit Mr. Grey nicht verstehen konnte."

„Was für eine lange Befreiung wir von dem alten Monster hatten", sagte Herr Haveloc .

„Oh ja! Ich war so froh, als –" Margaret hielt inne.

„Als er mit Rheuma krank wurde", fügte Herr Haveloc lachend hinzu.

„Oh nein! Nicht ganz. Darüber sollte man sich nicht freuen; aber ich glaube wirklich, dass ich mich darüber gefreut habe, dass ihn irgendetwas aus dem Weg geräumt hat."

„ Gessina wird ziemlich fett", sagte Herr Haveloc , als das schöne Geschöpf auf sie zusprang.

„Halt! Ich werde sie tragen", sagte Margaret und bückte sich.

„Können Sie mir das nicht zutrauen?" fragte Herr Haveloc .

„Nein, denn ich werde sie in einen Zipfel meines Schals wickeln."

„Bleiben Sie, geben Sie ihr nicht zu viel", sagte Herr Haveloc und half bei der Verteilung des Schals, „Sie müssen auf sich selbst aufpassen, in der Abendluft."

„Sie ist heute so viel herumgelaufen", sagte Margaret.

„Ja, ich habe gesehen, wie du sie heute Morgen vor dem Frühstück zum Sport mitgenommen hast."

„Hast du? Als wir auf dem Rasen waren?"

„Ja, mit dem Gummiball, den du ihr geschenkt hast."

„Du lachst, aber es ist ein toller Ball für Gessina , mit dem man spielen kann."

„Ich dachte, Gessina und ihre Herrin schienen es beide sehr zu genießen."

„Ich wusste nicht, dass Sie da oben waren, Herr Haveloc ."

„Ich hatte mein Zimmer nicht verlassen, das gestehe ich."

„Wie sehr müßig!"

„Oh, das war es! Aber dann habe ich die halbe Nacht wach gesessen."

„Was für eine seltsame Fantasie von dir."

„Ich habe Briefe geschrieben."

„Was! mit dem ganzen Tag vor dir?"

„Ich verbringe den Tag gerne in Ihrer Gesellschaft."

Hier ein leises Knurren, das kaum menschlich wirkte, ließ beide heftig aufschrecken. Margaret ließ Gessina fallen . Herr Haveloc drehte sich scharf um.

„Ugh! kleine Frau; willst du uns heute Abend Tee geben?" knurrte Mr. Casement.

„Oh, mein Gott, ja, Sir. Ich erkläre, dass ich nicht wusste, wie spät es war", sagte Margaret hastig.

„Es gibt nicht die geringste Eile", sagte Mr. Haveloc und hielt Margaret an der Hand fest, „es kann für Sie keine Gelegenheit geben, vor der üblichen Zeit Tee zu kochen."

Margaret blickte auf und missbilligte seinen verächtlichen Ton. Mr. Casement drehte sich um und humpelte zurück zum Haus.

„Ugh, ihr Lieben!" grummelte er, als er sie verließ.

Margaret errötete purpurn. Mr. Haveloc hielt immer noch ihre Hand und ging langsam und schweigend in die gleiche Richtung. Schließlich sagte er mit der ruhigen Stimme, die bei Menschen mit ungeduldigem Temperament immer starke Emotionen ausdrückt:

„Er hat recht, Margaret – ich liebe dich!"

Margaret war übermäßig aufgeregt – sie zitterte heftig; aber die durchsichtige Offenheit ihres Wesens ließ sie jetzt nicht im Stich. Mit stockendem Ton antwortete sie: „Das habe ich mir gedacht."

„Komm mit, kleine Frau", sagte Mr. Casement, als Margaret ans Fenster trat. „Es ist gut, dass ich wieder zu euch gekommen bin. Der arme Onkel liegt jetzt auf dem Regal; das ist sehr klar."

„Habe ich dich warten lassen, Onkel?" sagte Margaret leise, als sie ihren Platz vor der Urne einnahm.

„Nein, meine Liebe, egal, was er sagt. Du kennst inzwischen seine Art."

„Komm, setz dich, Junge, und mach kein Aufhebens. Lass es ruhig angehen", sagte Mr. Casement zu Mr. Haveloc , der hinter Margarets Stuhl stand.

Haveloc einen flehenden Blick zuzuwerfen , der Herrn Casement betrachtete, als ob er ihn am liebsten in Asche legen würde; Da ihm aber für diese Zeremonie keinerlei Hilfsmittel zur Verfügung standen, setzte er sich neben Margaret, ohne eine Antwort zu geben.

Es schien, als würde Mr. Casement an diesem Abend nie gehen. Er kämpfte sich durch ein Piquet-Spiel nach dem anderen; endlich stand er auf. „Nun, gute Nacht , Meister Grey", sagte er, „wenn Ihnen die Augen verbunden sind, bin ich nicht. Diese jungen Leute haben dort am Fenster gemurmelt, seit wir uns zum Kartenspielen hingesetzt haben."

„Was ist los , Claude?" fragte Mr. Grey, sobald Mr. Casement gegangen war.

Herr Haveloc erzählte ihm, was es war. Margaret legte ihren Kopf auf die Schulter ihres Onkels – er legte seinen Arm um ihre Taille. „Na dann, Claude", sagte er, „dein bester Plan ist, morgen früh aufzubrechen; je früher du gehst, desto eher kommst du zurück."

Margaret blickte auf, ihr Gesicht wurde plötzlich bis zu den Lippen bleich. „Was – geh weg – verlass mich, Onkel?" Sie sagte. Ihre Stimme versagte; fast ihr Atem; Sie hatte es nicht für möglich gehalten, dass sie sich jemals trennen würden.

Herr Gray erklärte Margaret, wie er zuvor Herrn Haveloc erklärt hatte , seine Gründe, warum er auf dieser Maßnahme bestand.

Als er fertig war, brach sie in einen jener Tränenanfälle aus , denen sie nur unter sehr starken Emotionen freien Lauf ließ. Mr. Haveloc hing in sprachloser Verzweiflung über ihrem Stuhl. Mr. Gray bemühte sich auf die zärtlichste Art, ihre Aufregung zu mäßigen.

„Siehst du, mein Kind", sagte er, „du bist erst siebzehn und sehr jung für dein Alter; und dieser Kerl hier ist etwa zweiundzwanzig. Es ist sehr wichtig, dass ihr beide ein wenig über euren eigenen Verstand Bescheid wisst." klarer, als du es jetzt tun kannst. In so ernsten Angelegenheiten ist es richtig, sehr vorsichtig zu sein. Siehst du, mein liebes kleines Mädchen, welcher Tag im Monat ist heute? Du siehst, ein Jahr vergeht bald und der nächste 14. Juni , er wird wieder hier sein.

Margaret unterdrückte ihre Tränen und versuchte, seine Bemühungen mit einem Lächeln zu belohnen.

„Nun, Claude, du und ich müssen ein kleines Gespräch miteinander führen. Wünsche ihm eine gute Nacht, mein Kind; es ist besser für dich, jetzt Schluss zu machen und dich morgen früh nicht wiederzusehen. Das ist das Klügste, nicht wahr, Claude? Da Gib ihr einen Kuss und lass es sein. Das ist gut, Kinder!"

Margaret war sprachlos vor Kummer: Die letzten Worte, die Mr. Haveloc an sie richtete, als er sie zur Tür führte, waren: „Wenn ich jemals einen Gedanken an einen anderen verschwende, vergiss mich; ich kann keinen schwereren Fluch auf mein Haupt bringen."

KAPITEL III.

Ansel. Seine Nahrung – scharfer Kummer, ewig bitterer Zweifel,
Angst, die bis in den Kern der Liebe brennt – und lange Ungewissheit, die das Herz schwach
werden lässt ; Geduld kann es sein, und viel Eifersucht, und all das, was die Jugend bis ins ewige Alter
verunsichert . *Ist ein.* Und was ist die Belohnung?
Ansel. Eine Weile schlafen;
Träumen von märchenhaften Welten, die mit Blumen übersät sind. Und der engen Kameradschaft gleicher Herzen; Warme, makellose, gütige, makellose, menschliche Herzen! Von einer Hoffnung, die so hell ist, dass sie nie eine Sorge empfunden hat, und einer Liebe, die, wenn es Sorge gäbe, sie herunterlächeln würde. Dann erwache – wie Ariadne am Ufer, um mit dem Sturm zu kämpfen – aber allein!
ANON.

Aveline war am nächsten Morgen so früh wach, wie sie gedroht hatte; und mit der Unruhe, die ihrer Beschwerde eigen war, begnügte sie sich nicht mit einem Spaziergang zur Hütte des Fischers, um Garnelen zu kaufen, aber als sie zurückkam und feststellte, dass es noch ein paar Minuten bis zum Frühstück brauchten, ging sie in den Garten hinaus und begann Arbeit an den Blumenbeeten.

Mrs. Fitzpatrick war völlig erstaunt, als sie herunterkam und ihre Tochter mit Strohhut und Gartenhandschuhen jäten und hacken sah.

„Ich kann wirklich nicht anders, Mama", war Avelines Antwort auf Mrs. Fitzpatricks Einwände; „Es ist so angenehm, sich besser zu fühlen, dass ich nicht widerstehen konnte, ein wenig unabhängiger zu handeln. Ich habe Ihre Petunien ganz anders aussehen lassen."

„Hier sind ein paar wunderschöne Erdbeeren, Aveline", sagte ihre Mutter, „wenn du heute spazieren gehst, musst du dich mit einem guten Frühstück stärken."

„Ja! keine Erdbeeren, Mama. Ich werde ein paar Garnelen probieren. Janes Bruder hat diese gefangen. Tom. Ich weiß nicht, ob du ihn jemals gesehen hast. Es gibt zwei Toms. Der andere ist ein Cousin und nicht annähernd so gut als der echte Tom , Brands ältester Junge. Ich fürchte, der andere Tom wird eher des Schmuggels verdächtigt; aber was für eine Versuchung. Das ist genau das Richtige für Abenteuer."

„Aber die ganze Zeit über isst du nichts, Aveline", sagte ihre Mutter und blickte besorgt auf die zitternden Hände, mit denen sie ihre Teetasse hielt.

„Derzeit, Mama. Ich brauche immer ein wenig Selbstermutigung, bevor ich mit etwas so Wichtigem wie dem Frühstück beginne. Nein, ich glaube, ich werde mich nicht an die Garnelen wagen. Ich werde ein paar Erdbeeren nehmen; sie sind zu fein, um sie wegzuwerfen. Das tue ich." Ich werde etwas Sahne dabei haben – ein ganz schönes Fest, wie die kleinen Kinder es nennen. Und jetzt, Mama, musst du eine Hälfte haben, und ich werde die andere nehmen.

Nachdem Aveline die Erdbeeren geteilt hatte, probierte sie, und sie teilten das gleiche Schicksal wie die Garnelen; Dann brach sie eine zarte Kruste von dem kleinen Laib ab, und nachdem sie davon gekostet hatte, erklärte sie, dass sie mit ihrem Frühstück fertig sei und dass sie sich, sobald Mark sich aufmachen könne, vorhabe, sich für eine Weile an ihre Zeichnung zu setzen.

„Du darfst nicht zu viel unternehmen, Aveline", sagte ihre Mutter. „Denken Sie daran, dass Sie nur nach und nach mit einer Genesung rechnen können."

Aveline lachte und holte ihr Portfolio hervor, um eine Skizze auszuwählen.

„Das ist es, was ich zu Ende bringen wollte, Mama", sagte sie. „Brands Cottage mit all den großen Felsmassen dahinter und den Netzen und Kindern an der Tür. Ich habe es skizziert, bevor ich ins Ausland ging."

„Lassen Sie mich Ihre Farben reiben ", sagte Mrs. Fitzpatrick und nahm einen Kuchen aus der unsicheren Hand ihrer Tochter.

„Danke, Mama. Ich bin wirklich sehr faul, dich das für mich tun zu lassen", sagte Aveline und machte sich eilig an die Arbeit. „Ich fühle mich mit meinem Bleistift zu Hause. Ich wünschte, ich könnte ein bisschen besser modellieren. In all meinen Büsten ist etwas so Unvollständiges; aber das muss eine Überlegung für die Zukunft sein. Wenn ich stark werde, werde ich Freude daran haben, mich darin zu verbessern." Skulptur."

„Meine Liebe, das ist das Letzte, worüber ich mir Sorgen mache", sagte Mrs. Fitzpatrick. „Du machst schon viel mehr als die meisten Mädchen und die meisten erwachsenen Frauen. Was auch immer du studiert hast, du weißt es genau."

„Ja, bis zu einem gewissen Punkt; aber wie viel habe ich vor mir. Es macht so viel Freude, sich Wissen anzueignen."

Mrs. Fitzpatrick drehte die Mappe ihrer Tochter um.

„Wo ist diese schöne Zeichnung, Aveline, die ich früher für die beste gehalten habe? Dieser Teil der Küste, in der Nähe von Sorrent, bei Niedrigwasser."

„Ich habe es nicht behalten, Mama."

„Hast du es weggegeben, meine Liebe?" fragte Frau Fitzpatrick mit einem Lächeln. Denn in Sorrento war Herr Haveloc oft bei ihnen gewesen; und da er die Kunst sehr liebte und selbst ein ziemlich guter Zeichner war, hatte er während des Fortschritts des Zeichnens oft eingegriffen, sehr zum Wohle des Bildes, wie Aveline dann erklärte.

„Nein, Mama", sagte Aveline nach einer Pause.

„Hast du es denn verloren?" fragte Frau Fitzpatrick und hielt es für nicht unwahrscheinlich, dass Herr Haveloc es als Erinnerung an die Stunden, die sie zusammen verbracht hatten, gestohlen haben könnte.

„Nein, Mama", sagte Aveline sehr deutlich, aber mit großer Anstrengung. „Ich habe es zerstört."

„Und warum, Liebste?"

„Ich hielt es für das Klügste, Mama", sagte Aveline und fuhr schnell mit ihrer Zeichnung fort.

„Liebe Aveline", sagte ihre Mutter und nahm sie in die Arme. „Jetzt, wo wir zu Hause und in Ruhe sind – sind Sie unglücklich?"

„Nein, nein, tatsächlich, Mama!" sagte Aveline und versteckte ihr Gesicht an der Schulter ihrer Mutter. „Nicht unglücklich! Niemand außer mir selbst kann sagen, wie sehr ich mich nach Heimat und Ruhe gesehnt habe; oft habe ich gedacht, ich sollte nie wieder ruhen ."

„Aber wie war das, meine Aveline?"

„Es war nicht so, dass ich mich nicht jeden Tag und jede Stunde für meine Torheit verachtet hätte", sagte Aveline und stürzte sich sofort in das Geständnis, nach dem sie sich oft gesehnt hatte. „Es war keine geschätzte Schwäche, das wirst du glauben, Mama."

„Das tue ich, meine Liebe."

„Und das nicht, weil er uns vor den Räubern verteidigt hat. Ich weiß, dass es für Männer üblich ist, mutig zu sein. Aber dann hat er sich so wenig Gedanken darüber gemacht – er hat es immer so leichtfertig gemacht; und wir hätten nie erfahren sollen, dass er es getan hat." wäre verwundet worden, wenn sein Mann es unserem Kurier nicht gesagt hätte, als wir uns in Sorrent trafen.

Mrs. Fitzpatrick drückte ihrer Tochter die Hand.

„Und dann sah ich ihn Tag für Tag in Sorrent; obwohl er nie etwas sagte , was mich glauben lassen könnte, dass er mich mehr als ein krankes Kind bemerkte. Immer so freundlich – mehr als aufmerksam; so wachsam, dass ich nicht müde werden sollte . Also aktiv bei der Auswahl von Ruheplätzen für uns am Ufer und der Suche nach Aussichtspunkten zum Skizzieren; und ich beobachtete jedes Mal, wenn er nach einem Wort sprach, das zeigen könnte, dass ich in seinem geheimen Herzen genauso geschätzt war wie er in meinem ; – es war fast so zu schwer. Oh! Wie froh war ich, als er Sorrent verließ. Und doch kam es mir so trostlos vor, dass ich auch froh war, zu gehen. Dann blieb mir nichts anderes zu tun, als alles Vergangene zu vergessen; und das war schwer. Das gab es Diese Zeichnung – er hatte mir beim Himmel und dem größten Teil der Entfernung geholfen. Ich habe sie vernichtet, als ich ständig darauf geschaut habe; und das Karneol-Amulett, über das er mich immer ausgelacht hat, weil ich es trug. Ich habe es Mrs. gegeben . Maxwell Dorset, du erinnerst dich.“

„Mrs. Maxwell Dorset sagte, er hätte sie in Florenz kennengelernt, nicht wahr?“ sagte Mrs. Fitzpatrick, die darauf bedacht war, ihre Tochter dazu zu bringen, darüber zu sprechen, als ob es sich um ein gleichgültiges Thema handele.

„Ja“, sagte sie, „er war ein toller Liebling von ihr. Er hat ihr dieses Armband aus lila Emaille mit dem Diamantkopf geschenkt. Es würde mir sehr leidtun, undankbare Mama zu sein, aber ich dachte –“

„Was, mein Liebster?“

„Ich dachte, eine Frau müsste sehr alt sein, um wie früher über Mr. Haveloc und Mr. Leslie zu reden. Ich habe sie oft gesehen, wissen Sie, als Sie mit Johannot unterwegs waren, um unsere Heimreise zu arrangieren .“

„Es würde mir leid tun, wenn Sie diese oder eine andere Art von Verhaltensfreiheit nachahmen würden“, sagte Mrs. Fitzpatrick, „denn ich halte es für sehr unanständig; aber ich bin überzeugt, dass es bei Mrs. Maxwell Dorset nur auf Manieren lag. Mr. Sie wissen, dass Leslie Geistlicher war, und Frau Maxwell sagt, dass sie es nie mag, ohne die enge Bekanntschaft eines Geistlichen zu sein. Sie hält es sowohl für sich selbst als auch für ihre Kinder für sehr vorteilhaft. Herr Leslie kam zweimal in der Woche, um die Bibel zu erklären zu ihren Mädchen.“

Das stimmte durchaus; aber Aveline erinnerte sich, dass sich Mrs. Maxwell Dorsets Bemerkungen über Mr. Leslie, der wirklich ein äußerst ausgezeichneter und ernsthafter junger Mann in der Erfüllung seiner Pflichten war, auf wiederholte Lobreden auf seine Zähne und seine Hände beschränkt und sie nie berührt hatten die Lehren, die er vermitteln wollte.

Sie sagte jedoch, dass Mrs. Maxwell Dorset sehr freundlich zu ihnen gewesen sei, als sie es am meisten brauchten; und dass es ihr sehr leid tun würde, ein hartes Urteil über ihre Schwächen zu fällen. Und nachdem sie zu lange über spannende Themen geredet hatte, bekam sie einen heftigen Hustenanfall, den Mrs. Fitzpatrick darauf zurückführte, dass sie sich so sehr über ihre Zeichnung gebeugt hatte.

„Es ist sehr seltsam, dass wir deinen Husten nicht loswerden können, Aveline“, sagte sie. „Hier kommt Mr. Lindsay, wir müssen uns mit ihm darüber beraten.“

Aveline war rot vor Husten und ihre Augen funkelten vor Freude beim Anblick ihres großen Lieblings , Mr. Lindsay; Als er also abstieg und durch das offene Fenster eintrat, war es kaum zu erwarten , dass er in der Begeisterung, mit der sie ihn herzlich willkommen hieß, irgendeine deutliche Spur von Unwohlsein entdecken würde.

„Mit dir ist nichts los, wie ich sehe!“ waren seine ersten Worte an sie.

„Das gibt es tatsächlich, Mr. Lindsay“, sagte Mrs. Fitzpatrick. „Du hast noch etwas mit ihr zu tun. Sie kann mit diesem lästigen Husten nicht ganz klarkommen.“ Und Mrs. Fitzpatrick richtete ihre schwarzen Augen auf Mr. Lindsays unbewegliches Gesicht, mit einem prüfenden Blick, dem man sich nicht leicht entziehen konnte.

„Ich wünschte, Sie würden meinen Puls nicht spüren, Doktor“, sagte Aveline und benutzte einen Begriff, den sie oft spielerisch auf Mr. Lindsay anwendete. „Es macht mich immer ohnmächtig.“

„Also“, sagte er und entfernte seine Finger, „du hast keine deiner Fantasien hinter dir gelassen. Ich wünschte, du hättest es getan, oder deinen Husten!“

„Sie verachten Ausländer fast genauso sehr wie Mrs. Grant“, sagte Aveline lachend; „Aber Sie können nicht leugnen, dass ich durch meine Abwesenheit viel gewonnen habe .“

„Zugenommen. Ja, einen Zoll oder mehr. Warst du nicht groß genug, bevor du gegangen bist?“ sagte Mr. Lindsay und musterte sie von Kopf bis Fuß.

„Du bist so ermüdend wie immer“, sagte Aveline. „Ich habe an Kraft, Lebensgeist und Appetit gewonnen!“

"Was hast du zum Frühstück gegessen?" fragte Mr. Lindsay plötzlich.

„Oh! Frühstück. Das ist bei mir nie eine gute Mahlzeit. Ich könnte ein halbes Huhn zum Abendessen essen“, sagte Aveline und lachte immer noch.

„Nun, ich nehme an, Sie möchten, dass ich Ihnen Medikamente schicke“, sagte Mr. Lindsay und nahm seinen Hut; „Ohne es sind die Menschen nie zufrieden, ob sie es brauchen oder nicht.“

„Aber brauche ich es nicht?“ fragte Aveline.

"NEIN."

„Was soll ich dann gegen meinen Husten nehmen?“

„Kirschen, Garnelen, Tamarinden, was immer Sie mögen.“

„Und warum rennst du weg?“

„Weil ich eine Frau treffen werde, die mich und meinen Arzt wirklich will.“

„Irgendjemand, den ich kenne?“

„Eine Mrs. Brand. Ich kann nicht sagen, wie weit Ihr Bekanntenkreis reicht.“

„Natürlich kenne ich sie. Brands Frau, Mama! Sie ist immer kränklich. Glaubst du, es geht ihr schlechter?“

„Warum, ja – eher.“

„Und wird sie wieder gesund?“

„Vielleicht. Ich bezweifle es.“

„Oh mein Gott! Mit all diesen armen kleinen Kindern.“

„Ohne die armen kleinen Kinder wäre es viel wahrscheinlicher, dass sie gesund würde.“

„Und was könnten wir ihr schicken, das von Nutzen wäre?“

„Hühnerbrühe, Portwein, Brandy, wenn sie es ihrem Mann vorenthalten könnte.“

„Oh ja! Er ist ein sehr guter Mann. Er trinkt nie.“

„Ausgezeichnet. Auf Wiedersehen“, und der Arzt trat auf die Terrasse hinaus. Mrs. Fitzpatrick folgte ihm.

„Was halten Sie von ihr, Mr. Lindsay?“ Sie fragte.

„Ich weiß es noch kaum. Ich bin mit ihrem Puls noch nicht ganz zufrieden, aber ich muss sie sehen, wenn sie die Strapazen ihrer Reise überwunden hat.“

„Und hast du in der Zwischenzeit keinen Rat, den du mir geben kannst?“

„Pflege – Pflege – Pflege. Sie kennen mein Axiom“, sagte der Arzt, als er sein Pferd bestieg. „Ein besseres, das garantiere ich, als das von Demosthenes.“

„Aber du bist heute Morgen wirklich ein Orakeler.“

„Halten Sie ihre Gedanken ruhig“, sagte Mr. Lindsay und hob das Zaumzeug auf, „und wenn sie nach dem Mond schreit, geben Sie ihn ihr.“

Und nachdem er diese einfache und unfehlbare Annahme ausgesprochen hatte, galoppierte er davon. Ja, es war sehr erfreulich, als man ihr sagte, dass sie die Gedanken ihrer Tochter ruhig halten müsse, als sie gerade erfahren hatte, dass Aveline einen langen, aussichtslosen Kampf gegen eine Zuneigung führte, die nie erklärt, angestrebt oder erwidert worden war.

In Sorrent war ihr oft in den Sinn gekommen, dass Herr Haveloc ihre Tochter bewundern musste; aber sie hatte das Thema nie erwähnt, nicht einmal im Scherz; weil sie die Einstellung hatte, alle ernsten Angelegenheiten ernst zu nehmen; und weil sie es nicht für sehr förderlich für die Zartheit eines jungen Mädchens hielt, mit ihr über den Eindruck zu scherzen, den sie auf einen Mann gemacht haben könnte, besonders solange die Tatsache noch ungewiss war. Und sie glaubte, dass Aveline nie einen Gedanken an ihn verschwendete; Sie selbst machte sich auch nicht weiter als nötig die Mühe, sie einander aus dem Weg zu gehen, denn es gäbe keinen Grund, dagegen einzuwenden, wenn sie Gefallen aneinander finden würden.

Wie tief bereute sie ihre Blindheit; wie verbittert erinnerte sie sich an die häufigen Morgenspaziergänge, das Skizzieren, die Segelpartys; Davon hätte sie Herrn Haveloc tatsächlich kaum ausschließen können , alles in allem betrachtet; aber sie hätte es vielleicht geschafft, Aveline wegzulassen. Sie blickte den holprigen Pfad hinunter, von dem Mr. Lindsay schon lange verschwunden war, und wiederholte noch einmal: „Halten Sie ihre Gedanken ruhig!"

KAPITEL IV.

Sie sind so gut verheiratet und so weise.
Was auch immer dieser gute alte Mann gesagt hat .
SPENDER.

Konntest du in seinem ernsten Blick erkennen,
dass er ernsthaft flehte, ja oder nein?
Sah er aus, oder rot, oder blass, oder traurig, oder fröhlich?
Welche Beobachtung hast du in diesem Fall
gemacht ? SHAKESPEARE.

Nichts machte Margaret bei ihrem Onkel beliebter als die Art und Weise, wie sie Mr. Havelocs Weggang aufnahm.

Etwas ernster , etwas stiller als sonst, schien sie nur darauf bedacht zu sein, dass Mr. Gray seine Gesellschaft nicht mehr vermissen sollte, als es ihr möglich war. Sie hatte keinen Augenblick Angst, dass sich seine Zuneigung ändern würde; ihr Bedauern über die Trennung von ihm war frei von Zweifeln an der Zukunft; Es ging einfach darum, sich so lange von einer Person getrennt zu haben, die sie liebte.

Eines Abends, als sie auf Mr. Greys Sessel lehnte, der wie immer am Fenster stand, und das Mondlicht über das Gelände fiel, ähnlich wie bei ihrem letzten Spaziergang auf der Terrasse mit Mr. Haveloc , erschien ihr Onkel zu glauben, er könnte das Thema ansprechen, ohne ihre Gefühle zu schmerzhaft zu erregen.

„Du denkst an Claude, meine Liebe", sagte er, ergriff ihre Hand, die auf der Rückenlehne seines Stuhls ruhte, und zog sie über seine Schulter.

„Ja, Onkel", sagte Margaret.

„Sehr natürlich", erwiderte Mr. Grey. „Ich wage zu behaupten, dass er an dich denkt."

„Das glaube ich", antwortete Margaret ruhig.

„Er hat zugestimmt, dir nicht zu schreiben, weißt du, meine Liebe", sagte ihr Onkel; „Aber ich habe ihm etwas versprochen, das wie ein Verstoß gegen unseren Vertrag aussehen könnte . Sollte sich mein Gesundheitszustand wesentlich verschlechtern, wird ein an Tynebrook gerichteter Brief an ihn weitergeleitet, wo immer er auch sein mag, und er wird sofort zu uns kommen Wenn ich zu krank sein sollte, um zu schreiben, Margaret, wirst du wissen, was zu tun ist. Es ist richtig, wenn dir ein Beschützer entzogen wird, dass ich dir einen anderen besorgen sollte.

„Oh! Onkel, wenn du nicht reden würdest – wenn du dir solche Dinge nicht vorstellen würdest“, sagte Margaret und brach in Tränen aus.

„Nun, mein liebes Kind, mehr werde ich dazu nicht sagen; wir werden das Thema wechseln. Was meinst du? In der letzten Nacht, als Claude bei mir war, sagte ich ihm, dass ich beabsichtige, mein Anwesen mit einigen zu verlassen Ich habe nur wenige Vorbehalte für dich. Nun – aber weine nicht darüber, mein Kind: Ich habe noch nie gehört, dass jemand früher gestorben ist, weil er sein Testament gemacht hat. Aber Claude widersetzte sich entschieden meiner Absicht; er sagte, sein eigenes Vermögen sei so groß um eine so große Aufstockung völlig überflüssig zu machen; dass er den Plan, diese riesigen Besitztümer anzuhäufen, missbilligte; dass mein Nachlass das Mittel sein würde, um es einem anderen Verwandten in seinen Verhältnissen leichter zu machen ; und dass er dachte, er würde Ihre Gefühle zum Ausdruck bringen als auch sein eigenes, als er mein Angebot entschieden ablehnte.

„ Ganz … Er versteht mich“, flüsterte Margaret unter Tränen.

„Wenn er also den Test der Zeit besteht, Margaret, werden Sie vielleicht sehr glücklich zusammen sein“, sagte Mr. Grey.

„ Wenn! – oh, Onkel! Ich habe keinen Zweifel.“

„Das habe ich nicht“, sagte Mr. Grey. „Vertraue immer, mein Kind; aber hier kommt die Urne und Casement auch, erkläre ich.“

„Hollo! kleine Frau, wo ist Meister Claude?“ war Mr. Casements erster Gruß, nachdem er sorgfältig auf jede Seite der Urne gespuckt hatte, als ob er nach dem vermissten Herrn suchte.

„Vergangen, Sir; vor einigen Tagen“, sagte Margaret und ging ihrer Beschäftigung nach.

„Weg, was? Und wo?“

„Ich weiß es nicht, Sir.“

„Dann scheint es nicht sein Vertrauen zu sein.“

„Denken Sie darüber nach, Mr. Casement“, sagte Margaret und blickte mit einem schelmischen Lachen auf.

"Wie war es?" fragte Mr. Casement und zog seinen Stuhl so nah wie möglich an ihren heran, „erzählen Sie mir alles darüber. Hat Master Grey grob abgeschnitten?“

Margaret sah verwirrt aus, denn sie verstand den verwendeten Ausdruck nicht; aber sie wandte sich an ihren Onkel.

„Hast du das, Onkel Grey?" Sie sagte.

„Er weiß nicht, wovon er spricht, meine Liebe", sagte Mr. Grey.

„Nicht wahr?" sagte Herr Casement. „Du dachtest, kleine Frau, dass ich nichts von deinen Vorgängen mit Meister Hubert wüsste."

„Ich habe nicht darüber nachgedacht, Sir", sagte Margaret und wandte sich ab.

„Ich nehme an, Elizabeth Gage hat dich jetzt ziemlich getroffen?" verfolgte Mr. Casement.

„Nein, das hat sie nicht, Sir; denn ich esse morgen im Chirke Weston."

„Dann gib ihr meine Liebe", sagte Mr. Casement; „Und sagen Sie ihr, dass ich sie seit zehn Jahren mit mir verlobt habe. Ich weiß nicht, wann ich sie in Anspruch nehmen werde, aber es ist gut, sie gelegentlich daran zu erinnern."

Als sie am nächsten Tag bei Captain Gage ankam, war Elizabeth allein im Wohnzimmer, gekleidet in ihrer üblichen kostbaren Schlichtheit.

Sie saß lesend in einem Sessel am offenen Fenster, und Margaret war von dem großartigen und statuarischen Stil ihrer Schönheit neu beeindruckt. Aufgrund ihrer Größe, der ruhigen Regelmäßigkeit ihrer Gesichtszüge, der schlichten Anordnung ihres üppigen Haares und der Würde ihrer Haltung hätte sie Minerva als Vorbild dienen können.

Elizabeths Empfang war so herzlich wie immer.

„Sie werden meinen Vater in großer Aufregung finden", sagte sie, sobald Margaret Platz genommen hatte. „Sir Philip d'Eyncourt ist angekommen. Sie haben von ihm gehört?"

„Ja, ich habe seinen Namen gehört", sagte Margaret.

„Er ist in sehr schlechtem Gesundheitszustand nach Hause gekommen", sagte Elizabeth, „und musste eine Untersuchung abbrechen, die er für sehr wichtig hielt und für die er aufgrund seiner wissenschaftlichen Kenntnisse besonders geeignet war. Meinem Vater gefällt die Idee sehr." Jemand, um den man sich kümmern muss. Er streichelt *mich* ; aber ich habe nie etwas Ungewöhnliches bei mir."

Kapitän Gage kam nun ins Zimmer, schüttelte Margaret die Hand und versicherte ihr, dass sie bemerkenswert gut aussehe; und sagte dann seiner Tochter, dass Sir Philip bald unten sein würde; dass er darauf bestanden habe, dass sie das Abendessen nicht hinauszögerten; dass er sehr krank aussehe, dass Bessy ihn aber nicht aufgrund seines gegenwärtigen Aussehens beurteilen dürfe. Und dann eilte er wieder hinaus, um zu sehen, wie es seinem Gast ginge.

Elizabeth Gage hatte Sir Philip d'Eyncourt seit ihrer Kindheit nicht mehr gesehen. Sie erinnerte sich, dass er große Aufmerksamkeit auf sie gelenkt hatte, wie junge Männer es oft mit hübschen Kindern tun. Aber ihre Eindrücke von ihm beruhten nicht auf den spärlichen Erinnerungen, die sie an sich selbst hatte, sondern auf der sehr hohen Meinung, die ihr Vater stets von seinen Talenten und seinem Charakter äußerte.

Ihr Vater hat sein Lob nie weggeworfen; Daher musste Sir Philip alles sein, was bewundernswert war.

Sie wünschte sich sehr, ihn zu sehen und mit ihm bekannt zu werden, aber sie erkannte ihn völlig als den Gast ihres Vaters; und obwohl sie gerne ihren Respekt vor seinem Charakter gezeigt hätte, indem sie in irgendeiner Weise zu seinem Wohlergehen beigetragen hätte, war sie doch der Meinung, dass es für ihn als behinderter und in mancher Hinsicht enttäuschter Mann das Angenehmste sei, entlassen zu werden allein.

„Ich kann es kaum erwarten, ihn nach so vielen Jahren wiederzusehen", sagte Elizabeth und drehte sich leicht zur Tür, als ihr Vater und sein Gast eintraten. Sir Philip war groß und dunkelhäutig; mit einem Kopf wie die Porträts in Elisabeths Regierungszeit. Breit über die Brauen und schmal am Kinn. Er war in seiner Art sehr ernst und ruhig; schien in einem erbärmlichen Gesundheitszustand zu sein; Nachdem er sich vor den beiden Damen verneigt hatte, setzte er sich wortlos hin und verharrte völlig still und stumm in einer Ecke des Sofas.

„Sie können sich wohl kaum an Bessy erinnern", sagte Kapitän Gage und wandte sich an Sir Philip.

„Nein, es ist so viele Jahre her, seit ich das Vergnügen hatte, Miss Gage zu sehen", sagte er und richtete seinen Blick auf Elizabeth, die Margaret an einem Tisch einige Exemplare geschnitzten Elfenbeins zeigte.

Sie wurde ein wenig rot ; aber sie dachte darüber nach, dass es keinen Grund zur Verwunderung gab, dass seine Erinnerung schlimmer war als ihre eigene. Er hatte viele hübsche Kinder gesehen; Sie hatte nur einen Sir Philip d'Eyncourt gesehen .

„Glaubst du, Bessy mag Hubert?" fragte Kapitän Gage, der entschlossen schien, Sir Philip in der Frage seiner Tochter nicht allein zu lassen.

Sir Philip sah die Ähnlichkeit nicht.

„Das ärgert mich, Sir Philip", sagte Elizabeth und blickte mit ihrer gewohnten Offenheit auf . „Es gefällt mir sehr, wie Hubert betrachtet zu werden."

Sir Philip lächelte, gab aber keine Antwort.

„Das denkst du, nicht wahr?" fragte Kapitän Gage von Margaret mit einem schelmischen Lächeln.

Das war ziemlich hart für sie; sie errötete sehr und stimmte zu.

Captain Gage genoss ihre Verwirrung. Er war so freundlich zu ihr wie eh und je: Er hätte es gern gehabt, wenn sie Hubert geheiratet hätte, denn sein Sohn hatte es so sehr darauf abgesehen; und er war sehr froh, dass es zu nichts gekommen war, weil er der Meinung war, dass der Junge viel zu jung war, um daran zu denken, sich niederzulassen. Es wäre tatsächlich schwierig gewesen, seinen Gleichmut zu stören. In den Tagen von Georges Extravaganz bezahlte er seine Rechnungen mit einer Gelassenheit , die bei den intimen Freunden dieses Herrn den Wunsch hervorrief, der Himmel hätte sie genau nach dem gleichen Muster mit Vätern versorgt; und er nahm alle Perversitäten Huberts nach der ersten Verärgerung mit größter Nachsicht hin; Ich bettelte nur darum, dass er informiert werden möge, wenn es ihm Freude bereitete, wieder zur See zu fahren, da er seinen Einfluss nicht ein zweites Mal umsonst geltend machen wollte.

Das Abendessen wurde angekündigt; Kapitän Gage nahm Besitz von Margaret, und Elizabeth, die wusste, dass Sir Philip ihr seinen Arm reichen musste, ging mit einer leichten Röte , einer leichten Verlegenheit, die ihr grenzenlos gefiel, auf ihn zu, um ihm die Anstrengung zu ersparen, auf ihre Seite des Zimmers zu gehen. Er begegnete ihr mit einem Lächeln, das zugleich Verständnis und Dankbarkeit für ihre Rücksichtnahme zu vermitteln schien.

Das, was sich Kapitän Gage auf Erden am sehnlichsten wünschte, war die Heirat Elisabeths mit Sir Philip; aber diesen Wunsch behielt er wohlweislich für sich. Er war sehr froh zu sehen, dass sie ihre Kameen und ihre weiße Seide trug und dass ihr Haar bewundernswert frisiert war; Im Übrigen könnte man es getrost der Zeit überlassen, dachte er.

„Ich möchte, dass Sie Creswick sehen", sagte Kapitän Gage, „es steht zum Verkauf. Wenn Sie es kaufen würden, sollten wir sicher sein, dass wir einen netten Nachbarn haben. Ich werde Sie morgen dorthin fahren."

„Danke", sagte Sir Philip, „es wäre ein Anreiz; aber ich glaube, ich muss mich mit Sherleigh zufrieden geben ."

„ Sherleigh , es ist großartig, ich weiß;" sagte Kapitän Gage, „aber Creswick wäre genau das Richtige für einen Schießplatz. Schießen Sie gern? Oh! Ich erinnere mich, dass ich in Antigua viele Tage lang mit Ihnen Sport getrieben habe."

„Papageienschießen"; sagte Sir Philip, „da waren keine großen Fähigkeiten erforderlich. Nein, ich habe meine Vorliebe für Feldsportarten überlebt."

„Man brauchte nur auf einen Baum zu schießen, und schon stürzten sie wie
wild um sich“, sagte Kapitän Gage und wandte sich an Margaret. „Warum
Bessy, warum hast du es so eilig?“ Elizabeth erhob sich, um das Zimmer zu
verlassen; und als ihr Vater zu ihr ins Wohnzimmer kam, überbrachte er eine
höfliche Nachricht von Sir Philip, dass er es bedauere, Miss Gage nicht
wiedergesehen zu haben, dass sein Arzt ihm jedoch geraten habe, sich
vorzeitig zurückzuziehen.

KAPITEL V.

Aber gut mit Böse und Freude immer noch mit Schmerz
Wie die sich drehenden Zeichen des Himmels wechseln sich die Herrschaft
ab.
TRACHINIE.

Leben meiner Liebe – Thron, auf dem meine Herrlichkeit sitzt,
ich reite triumphierend auf einer silbernen Wolke, wenn ich dich nur sehe.
SUN'S DARLING.

Wenige Tage nach ihrer Rückkehr nach Hause wurde das Wetter, das in unserem Klima immer so unbeständig war, plötzlich kalt, und Avelines Krankheit nahm sofort eine ernstere Form an. Mr. Lindsay sah ernst aus; und auf Mrs. Fitzpatricks wiederholte Bitten, dass er ihr gegenüber vollkommen offen sein würde, was den Zustand ihrer Tochter angeht; Er gab schließlich widerstrebend zu, dass er eine sehr geringe Hoffnung hegte, dass sie jemals wieder gesund werden würde. Mrs. Fitzpatrick trug die Nachricht mit mehr Entschlossenheit, als er erwartet hatte. Obwohl ihre Ängste es ihr schon oft nahegelegt hatten, glaubte sie es nur zur Hälfte. Wenn Aveline träge oder deprimiert wirkte; Wenn ihre Wange stärker gerötet war oder ihr Appetit nachließ, starb Mrs. Fitzpatricks Herz in ihrem Inneren; und sie wiederholte den ungünstigen Satz des Arztes . Aber wenn sie sich eine Zeit lang erholte, wenn sie sich für eine Stunde ihren gewohnten Beschäftigungen zuwandte oder wenn sie aufgrund der Rückkehr des schönen Wetters eine vorübergehende Ruhepause von ihren quälenden Hustenanfällen genoss, dann waren es Mrs. Fitzpatricks gute Laune und ihr Selbstvertrauen erhob sich wieder; Niemand verstand, dass sie sicher war, der Fall ihrer Tochter. Aveline würde sich bestimmt erholen.

Es war ein milder, sonniger Morgen. Es hatte geregnet und der scharfe Wind, der in unserem Frühsommer so vorherrschend war, vertrieb. Das Meer glitzerte und brach in kleine Wellen auf. Aveline saß in Tücher gehüllt und hatte einen schweren Umhang über ihre Füße gelegt und las am Strand. Ihre Mutter war zum Haus zurückgegangen, um den Dienern einen vergessenen Befehl zu erteilen, und Aveline ließ, sobald Mrs. Fitzpatrick außer Sichtweite war, ihr Buch fallen, faltete die Hände auf den Knien und starrte lange auf die sich bewegende Schlange aus Wasser. Das Lesen war für sie in letzter Zeit zu einer Anstrengung geworden. Die Linien schwammen vor ihren Augen, wenn sie ihre Aufmerksamkeit längere Zeit darauf richtete. Ihr Appetit war zurückgegangen; ihr Mut ließ sie im Stich; und ihre großen Augen füllten sich jetzt mit Tränen, während sie lustlos und still blieb; leer blickend auf die langsam voranschreitenden Wellen.

Zwei oder drei fröhliche Bauernkinder spielten am Strand – drängten sich gegenseitig immer näher an das plätschernde Wasser heran und rannten unter Geschrei und Gelächter zurück, während der Schaum über ihren Füßen brach. Als sie sich Aveline näherten, wurden ihre Stimmen leiser; Sie flüsterten einander zu, dass es die kranke Frau sei, und schlichen leise einer nach dem anderen durch den Sand. Aber Aveline erblickte sie, als sie vorbeigingen, und winkte sie an ihre Seite.

„Komm zu mir, Jane", sagte sie, „ich möchte mit dir sprechen, ich möchte hören, wie es deiner Mutter geht?"

„Mutter geht es besser, Ma'am, danke", sagte das Mädchen. „Mutter hat die ganze Hühnerbrühe aufgegessen", sagte ein jüngeres Kind, das sich vorwärts drängte.

„Das freut mich zu hören", sagte Aveline, „schläft sie besser als früher?"

„Viel besser, gnädige Frau", sagte das Mädchen, „der Arzt meint, sie könnte das Zeug abends nicht mehr nehmen."

„Das ist ein gutes Zeichen; und ich hoffe, dass ihr sehr gute Kinder seid und nichts tut, was eure Mutter verärgern könnte; und dass ihr versucht, ihr so viel wie möglich zu helfen. Es ist so traurig, krank zu sein", sagte die arme Aveline .

„Ja, Ma'am", sagten alle Kinder gleichzeitig.

„Es ist ein großer Trost für sie, gute kleine, ruhige Kinder um sich zu haben", sagte Aveline mit ihrer sanften Stimme, „und es wird für Sie ein großer Trost sein zu wissen, dass Sie alles in Ihrer Macht Stehende getan haben, um es ihr besser zu machen." ."

Ihre ernste Art beeindruckte die Kinder; sie standen schweigend da und sahen sie unverwandt an. Schließlich sagte Jane, die Älteste, schüchtern: „Und Ihnen, Ma'am, geht es Ihnen besser?"

„Nein", sagte Aveline mit einem schwachen Lächeln, „nein, mir geht es noch nicht viel besser. Ich denke, ich muss warten, bis das Wetter wärmer wird."

Und sie zog ihren Schal fester um sich.

„Das wird der Mutter leid tun", sagte das kleine Mädchen traurig; „Mutter sagte, sie hätte nicht gedacht, dass es dir auf dieser Welt jemals besser gehen würde."

„Und Mutter weinte, als sie das sagte", fügte der Junge hinzu und richtete seine runden blauen Augen auf Aveline.

Aveline gab keine Antwort, als die Kinder aufgehört hatten zu sprechen, und sie standen einige Minuten lang an ihrer Seite, gefesselt und schweigend.

Schließlich blickte sie auf und sagte leise : „Nun, jetzt kannst du weiterspielen. Jane wird sehr auf ihre beiden Brüder aufpassen. Es ist wie eine Frau, der man vertrauen kann – nicht wahr, Jane?"

Hand in Hand stahlen sich die Kinder sanft davon; und Aveline brach nach einer Pause, in der sie vergeblich darum kämpfte, ihre Gefühle zu beruhigen, in leidenschaftliche Tränen und krampfhaftes Schluchzen aus. Ihre Mutter hatte ihr jeden Verdacht ihrer Gefahr so sorgfältig verborgen; so sorgfältig verbarg sie ihre Ängste vor den Folgen ihrer Krankheit; dass Aveline sich immer auf das warme Wetter als unfehlbares Heilmittel gegen ihren Husten freute und die verschiedenen Symptome, die anderen die Natur ihrer Beschwerden nur allzu deutlich verrieten, zufälligen Ursachen zuschrieb. Sterben. Der Gedanke war so neu – so schrecklich. Die Welt zu verlassen – sie war so genial, voller intellektuellem Leben, sie hatte so viel getan, sie hatte so viel zu tun (das Gefühl all derer, die viel getan haben) und ihre Mutter zu verlassen – die nichts hatte eins – nichts im Leben, das ihren Platz einnehmen könnte. Könnte es sein? Konnte nichts sie wirklich retten? War ihr Schicksal so deutlich aufgezeigt, dass die arme Bäuerin, die sie besuchte und ablöste, nicht umhin konnte, es zu lesen? Ihre Aufregung erschütterte sie von Kopf bis Fuß. Und noch ein weiterer Gedanke würde sich eindrängen; eine Erinnerung und eine Hoffnung, die sie verbannt hatte und an der sie trotz aller Vernunft sehr lange festhielt. „Wenn ich sterbe", rief sie und faltete schmerzerfüllt die Hände, „werde ich ihn nie wieder sehen!"

Nach einer Weile sammelte sie sich; Sie würde ihre Mutter nicht dadurch beunruhigen, dass sie sich ihres gefährlichen Zustands bewusst zu sein schien. Und ihre Mutter unterdrückte alles, was sie fürchtete und fühlte, aus demselben freundlichen, aber falschen Motiv; denn beide wären erleichtert und gestärkt gewesen, wenn sie ihre Herzen geöffnet und gemeinsam geweint hätten, statt im Verborgenen.

„Nun, Aveline, bist du müde?", fragte Mrs. Fitzpatrick, als sie zu ihrer Tochter zurückkehrte.

„Ziemlich müde vom Sitzen, Mama", sagte Aveline mit dieser ungleichen Stimme, die die jüngsten Tränen verrät; „Wenn du mir deinen Arm gibst, gehe ich ein Stück am Strand entlang."

„Es ist nicht mehr viel Sand übrig", sagte Mrs. Fitzpatrick, während sie entlangschlenderten, „das Meer ist ein trauriger Eindringling, Aveline, und bleibt für dich genauso wenig wie für König Knute."

Aber Aveline weinte still und antwortete nicht.

„Aveline, Liebste, was ist los?" fragte Mrs. Fitzpatrick, und ihr Herz zitterte, denn von allen Dingen fürchtete sie sich am meisten davor, dass ihre Tochter ihre Gefahr ahnte; Sie wusste, wie schnell die Vorstellungskraft auf einen zarten Körper eindringt.

„Nichts, Mama", sagte Aveline. „Ich bin heute deprimiert und fühle mich nicht stark genug, dem Weinen zu widerstehen – das ist alles."

„Sie dürfen nicht so sehr allein sein", sagte Mrs. Fitzpatrick, „haben Sie Brands Kinder gesehen?"

„Ja, sie haben mich gerade verlassen;" sagte Aveline, „es sind nette kleine Geschöpfe, und Jane wird, glaube ich, jeden Tag größer."

„Mrs. Fletcher hat Ihnen einen Korb mit ihren feinen Himbeeren geschickt", sagte Mrs. Fitzpatrick, „und eine sehr freundliche Nachricht dabei."

„Sie ist sehr gut. Ich begegne ihr überall mit großer Freundlichkeit", sagte Aveline.

„Du musst aufpassen, dass wir nicht zu weit gehen", sagte ihre Mutter, „vorausgesetzt, du ruhst dich ein wenig aus."

„Ich werde eine Minute stehen bleiben und das Meer beobachten, Mama", sagte Aveline.

Sie stützte sich auf ihre Mutter und starrte weiterhin auf die lange Reihe zerbrochener Felsen, gegen die die Wellen ihren weißen Schaum warfen. Diese Felsen, die etwas weiter draußen auf dem Meer lagen und sich einige Fuß über den Wasserspiegel erhoben, verringerten sich, je weiter sie sich dem Ufer näherten, und sahen nichts weiter aus als eine unregelmäßige Masse rauer Steine, die mit schlüpfrigem grünem Seegras bedeckt waren .

Plötzlich erschien ein Fleck am Horizont, und als er allmählich vorrückte, sah er aus wie ein schlankes Schiff. „Schau, Aveline, da ist eine Yacht!" sagte Frau Fitzpatrick, „was für eine schöne Sache das ist!"

„Ja, ein hübsches Spielzeug", erwiderte Aveline teilnahmslos, „aber ich bevorzuge ein Fischerboot, ich glaube, meine Sympathie gilt eher den Armen als den Reichen. Was für Geschichten über die stille Pracht mondheller Nächte, welche Abenteuer, welche Gefahren Winde und Stürme hängen mit dem gemeinsten dieser kleinen Schiffe zusammen. Und mit der wachsamen Frau und den schlafenden, bewusstlosen Kindern in diesen rauen, dunklen Nächten, während der Vater draußen für sein Brot arbeitet. Ich mag den Adel unserer Zeit nicht , Mama; die ganze Poesie ist auf der Seite dieser armen Leute.

Mrs. Fitzpatrick lächelte. „Sehen Sie", sagte sie, „sie haben ein Boot zu Wasser gelassen; einer Ihrer verachteten Herren kommt an Land."

Aveline richtete ihren Blick nachlässig auf das Boot. „Ich wage zu behaupten", antwortete sie, „es gehört der Person, die die Villa auf der anderen Seite der Klippe gemietet hat. Mark sagte, sie sei neulich vermietet worden. Es wäre ein sehr praktischer Ort für jeden, der es mag." Bootfahren." Das Boot näherte sich schließlich dem Ufer, und ein Mann in Matrosenkostüm, der untätig im Heck saß, warf ein paar Hunde hinaus, die zum Land schwammen.

Aveline, die sich nicht ausreichend für ihr Geschehen interessierte, um sie weiter beobachten zu können, wandte sich langsam ab und schlenderte in der entgegengesetzten Richtung am Ufer entlang.

Inzwischen waren die Hunde an Land gekommen; und einer von ihnen, ein Setter von bemerkenswerter Schönheit, nachdem er die Gischt aus seinem Fell geschüttelt hatte, rannte neugierig am Ufer entlang, bis er, als er Aveline und ihre Mutter erreichte, ein erkennendes Bellen ausstieß und kriecherisch auf sie sprang.

"Mama!" rief Aveline atemlos vor Aufregung. „Sehen Sie, es ist Farfallo ! Wie gut ich mich an ihn erinnere. Sehen Sie, er kennt mich! Erinnern Sie sich nicht daran, dass ich ihn in Sorrento genannt habe? Oh, ich kann mich nicht irren!"

„Liebe Aveline, das ist sehr unwahrscheinlich", sagte Mrs. Fitzpatrick. „Nein! Ich bin sicher – ganz sicher", rief Aveline, „wie könnte ich ihn vergessen?"

Ihre Aufregung, das Leuchten in ihren Wangen, das Leuchten in ihren Augen, als sie sich bückte und den Hund mit einer Freude streichelte, die sie nicht zu verbergen suchte, gaben Mrs. Fitzpatrick eine Hoffnung, die ihr einen Schauer der Freude durch das Herz jagte. Es war offensichtlich, dass Farfallos Meister nicht weit entfernt sein konnte. Es war ebenso offensichtlich, dass Aveline ihn nicht vergessen hatte; All ihre Krankheiten könnten lediglich aus einer Niedergeschlagenheit des Geistes entstehen, aus dieser langwierigen Hoffnung, die zwar das Herz krank macht, den Körper aber selten gänzlich verschont. Ärzte haben bei den Beschwerden der Menschen solch außergewöhnliche Fehler begangen. Herr Lindsay war zwar ein sehr vernünftiger Mann, aber nicht unfehlbar; und Mr. Haveloc warf Aveline noch einmal in den Weg.

Farfallo rufen hörte , verbunden mit einer höflichen Bitte, die nicht in den sanftesten Tönen geäußert wurde: „Der Teufel würde den Hund holen."

Zwischen ihnen und dem ungeduldigen Besitzer befanden sich einige Steine. Farfallo sprang weg. Aveline stand mit einem strahlenden Lächeln auf.

„ So wie er – so ungeduldig!" sagte sie, als würde sie ihm ein Kompliment machen. Er traf plötzlich auf sie.

Mrs. Fitzpatrick drehte sich leise zu ihm um, als hätten sie sich erst gestern getrennt.

„Wir waren schuld, Herr Haveloc . Wir haben Ihren Hund behalten“, sagte sie lächelnd.

Er blieb erstaunt stehen.

„Frau Fitzpatrick! Ist das möglich?“ er rief aus. „Wie glücklich schätze ich mich, Sie wiederzusehen.“

„Die Überraschung liegt ganz auf Ihrer Seite“, sagte Frau Fitzpatrick. „Ihr Hund hat uns vor Ihrer nächsten Nachbarschaft gewarnt .“

„Dann haben Sie sich an ihn erinnert? Ich hoffe, er hat Sie nicht gelangweilt – er ist so nass. Und Sie, Miss Fitzpatrick, ich vertraue darauf, dass Sie sich ganz erholt haben.“

Aveline verneigte sich leicht und lächelte. Mrs. Fitzpatrick antwortete für sie.

„Wir haben im Moment nicht viel zu rühmen, Herr Haveloc “, sagte sie; „Wir freuen uns auf das heiße Wetter, um sie wieder auf die Beine zu stellen.“

„Sie müssen mir erlauben, Sie auf einer Kreuzfahrt mit meiner Yacht mitzunehmen“, sagte Herr Haveloc und zeigte auf das Schiff in der Ferne. „Seereisen sollen für Invaliden sehr gut sein; und ich werde ein ziemlich erfahrener Seemann.“

„Früher haben Sie in Sorrent mit so etwas gedroht“, sagte Mrs. Fitzpatrick.

„Ja! Aber die Fantasie ist so gelaufen, wie Sie es gesagt haben“, antwortete er. „Ich werde meine Yacht im Herbst loswerden und wieder ins Ausland gehen.“

„Was ist denn noch nicht müde vom Reisen!“ sagte Frau Fitzpatrick.

„Es ist nicht gerade die Liebe zum Reisen; aber ich habe einem Freund von mir versprochen, mit ihm in die Pyrenäen zu gehen – einem jungen Anwalt, der im Herbst ein paar Wochen Freiheit hat und diese gerne bis zum Äußersten ausnutzt .“

„Was für eine herrliche Tour!“ sagte Aveline. „Es gibt nichts Vergleichbares zur Berglandschaft.“

„Aber wissen Sie, Miss Fitzpatrick, ich bin mir der Reize der Berglandschaft nicht richtig bewusst.“

„Das ist völlig falsch“, sagte Aveline und blickte lächelnd zu ihm auf. „Ich hatte gehofft, dass du dich vielleicht schon früher gebessert hättest.“

„Ich erinnere mich an drei Dinge, die ich nicht zu Recht schätzte", sagte Herr Haveloc ; „Mondlicht, Mönche und Berge."

„Es war nur dieser eine alte Mönch, auf dem ich jemals bestanden habe", sagte Adeline.

„Ich fand ihn der schmutzigste von allen", sagte Herr Haveloc lachend.

„Er war sehr schmutzig", bemerkte Frau Fitzpatrick. „Du kannst dir nicht vorstellen, wie überrascht ich war, dich zu sehen."

„Ich dachte, Sie wären in Italien", sagte Herr Haveloc .

„Ich dachte, Sie wären noch weiter", antwortete Frau Fitzpatrick.

„In der Tat! Wie weit?"

„In Ägypten. War das nicht dein Plan?"

„Ich dachte darüber nach, nach Venedig und so weiter nach Ägypten zu gehen, aber ich wollte unbedingt nach England zurückkehren."

„Ich hoffe, Sie haben Ihren Vormund bei guter Gesundheit gefunden."

„Oh! Das hoffe ich", wiederholte Aveline. „Er muss so ein entzückender alter Mann sein."

„Er ist entzückend", sagte Herr Haveloc herzlich. „Aber ich kann nicht viel über seinen Gesundheitszustand sagen; dennoch überleben diese kränklichen Menschen oft stärkere."

„Das ist sehr wahr", sagte Frau Fitzpatrick mit zufriedener Miene.

Als sie an dem Platz vorbeikamen, an dem Aveline gesessen hatte, ging Mr. Haveloc vorwärts und nahm ein Buch.

„Das gehört Ihnen, Miss Fitzpatrick", sagte er, „leugnen Sie es nicht – jetzt, da ich Ihre Nachbarin bin , werde ich mir Mühe geben, Nachlese nach Ihnen zu suchen und meine Bibliothek mit den Büchern auszustatten, die Sie verlieren."

„Dann haben Sie diese Villa genommen", sagte Mrs. Fitzpatrick und lächelte über Avelines Verwirrung, denn sie war ziemlich dafür berüchtigt, ihre Sachen zu verlieren.

„Das habe ich. Sie haben also wieder einmal den dunklen alten Florentiner gelesen", sagte Mr. Haveloc und blickte in das Buch, das er bei sich trug. „Ich dachte, Mrs. Fitzpatrick, Sie haben Dante gänzlich verboten."

„Nicht ganz", sagte Frau Fitzpatrick; „Aber ich war in Sorrent eher ein Befürworter von Studien einfacherer Art. Avelines Gesundheitszustand –"

„Oh, aber mir geht es jetzt besser, Mama!" rief Aveline aus.

„Sie sehen tatsächlich besser aus, Miss Fitzpatrick, als bei meinem letzten Treffen", sagte Mr. Haveloc .

„Du denkst es – du denkst es wirklich!" rief Frau Fitzpatrick eifrig aus, „ und Sie müssen ein Richter sein. Ich, der ich sie jeden Tag sehe, kann mir keine Vorstellung von ihrem Aussehen machen."

„Kann daran ein Zweifel bestehen?" sagte Herr Haveloc .

Und wer hätte tatsächlich das Fortschreiten der Krankheit in diesen funkelnden Augen – dieser wunderschönen Blüte – verfolgt? Ihr Gang war nicht mehr gebückt; ihr Schritt war nicht träge. Ihre Mutter war erstaunt über die Erneuerung, die in ihr stattgefunden zu haben schien, obwohl sie sich über die Ursache im Klaren war. Und Aveline, der Gedanke an ihre Gefahr war wie ein Blitz aus ihrem Kopf verschwunden. Ihr ging es gut, sie war stark, glücklich, sie konnte nie wieder krank werden.

Nachbarn haben , Mr. Haveloc ?" fragte Frau Fitzpatrick.

„Ich habe die Villa für den Sommer gemietet", sagte er; „Aber wenn es mir gefällt, werde ich es vielleicht kaufen. Ich hätte gerne so etwas wie ein Fischerhäuschen am Meer; und obwohl das Haus nur eine Nussschale ist, ist es groß genug für diesen Zweck." Man sagt mit jeder Unterkunft am Meer aufwarten."

„Und ein einzelner Mann sollte sich mit einem Schrank abfinden, wissen Sie", sagte Aveline.

„Ah! Miss Fitzpatrick, ich bin mir der immensen Würde bewusst, die ein Mann erlangt, wenn er verheiratet ist", sagte Herr Haveloc ; „Vor dieser schrecklichen Zeit wurde er kaum als Mitglied der Gesellschaft angesehen. Ist das Ihr Haus? Was für ein Paradies. Erlauben Sie mir, Ihnen Ihren Dante zurückzugeben, und erweisen Sie mir die Ehre, mich daran zu erinnern , dass ich den alten Barden vor den Wellen gerettet habe." ."

„Nein – Sie müssen hereinkommen, Mr. Haveloc ", sagte Mrs. Fitzpatrick, „ich kann mich nicht so schnell von einem alten Freund trennen. Wir essen auf Avelines Konto früh zu Abend, und Sie können gleichzeitig Ihr Mittagessen einnehmen."

„Ich werde zu gerne hereinkommen", sagte Herr Haveloc , „zum Mittagessen, ich verachte es überhaupt, wie die meisten Männer es tun."

„Ich glaube, Sie essen nie, Herr Haveloc ", sagte Aveline, „das haben Sie nie getan. Die Leute reden von Damen, die von der Luft leben; ich konnte nie erkennen, wovon Sie in Sorrent lebten."

„ Türken , glaube ich, Miss Fitzpatrick; sie waren das Grundnahrungsmittel in diesem Teil der Welt. Ich wundere mich nicht, dass Sie unbedingt nach England zurückkehren wollten", sagte er und sah sich um, als sie den Salon betraten. „Das Wunder ist, wie man jemals einen so entzückenden Ort verlassen konnte."

„Auf der Suche nach Gesundheit würde man überall hingehen, Mr. Haveloc ", sagte Mrs. Fitzpatrick.

„Das stimmt, aber nachdem ich es gefunden habe, und ich vertraue darauf, dass Sie es gefunden haben", sagte Herr Haveloc und wandte sich an Aveline, „können Sie die Küsten des Mittelmeers hier nicht bereuen."

„Nein – ich bereue nichts, ich habe nichts, was ich mir wünschen könnte", sagte Aveline, während sie ruhig auf dem Sofa saß und in den Inhalt des gegenwärtigen Augenblicks vertieft war. Er war bei ihnen; er war ihr nächster Nachbar ; sie müssen ihn oft sehen. Ihr Glück war einfach zu groß, um es zu glauben. Sie hätte nie gedacht, dass sein Herz von einem anderen in Anspruch genommen würde – sie beurteilte ihn selbst.

Herr Haveloc war von dem Treffen wirklich begeistert. Er hatte eine große Vorliebe für Mrs. Fitzpatrick; er respektierte ihren Charakter und bewunderte die Kultivierung ihres Geistes. Als sie sich in Sorrent trafen, waren sie es gewohnt, lange Diskussionen über Kunst und Poesie zu führen; zu Gesellschaft und Politik; zu jedem möglichen Thema; kurz gesagt, beide verfügten über viel Wissen, viel Originalität, viel Ausdruckskraft. Und Aveline saß da und lauschte wie einem Orakel. Aber abgesehen von ein paar scherzhaften Sätzen, die gelegentlich zwischen ihnen wechselten, sprachen sie nie miteinander. Und während er die Gesellschaft von Mrs. Fitzpatrick suchte und bewunderte, hielt er Aveline nur für ein interessantes, kränkliches Mädchen, von dem er hoffte, dass es durch ihre arme Mutter, die sich offenbar um sie kümmerte, Kraft gewinnen würde. Aber obwohl er nicht das war, was man einen gutmütigen Menschen nennen würde, zeigte er doch, wo seine Gefühle überhaupt interessiert waren, eine eifrige und wachsame Aufmerksamkeit, von der man leicht annehmen könnte, dass sie einer wärmeren Quelle entspringt als der, die sein Verhalten antreibt.

Aveline hatte ihre Haube abgenommen, und ihre üppigen Locken aus dunklem Haar aus feinster Seide, die fast von großer Feinheit ihrer Konstitution zeugen, hingen über ihr Gesicht und ihre Schultern und verbargen bis zu einem gewissen Grad die Schlankheit ihrer Konturen. Mr. Haveloc interessierte sich nicht ausreichend für sie, um ihr schnelles und unregelmäßiges Atmen zu bemerken; er dachte lediglich, wie er gesagt hatte, dass sie viel besser aussah als in Sorrent.

„Das ist Ihre Harfe, Miss Fitzpatrick“, sagte Mr. Haveloc , während er durch den Raum wanderte. „Haben Sie von dieser Person in Mailand etwas gelernt?“

„Mademoiselle S...; ja, ein paar. Aber ich musste wegen meiner Brust aufhören. Sie hat mir aber sehr gut getan und meine Berührungen sehr gut zur Geltung gebracht.“

„Ich hoffe, Sie eines Tages zu hören. Oh! Übrigens, Frau Fitzpatrick, ist es Ihnen jemals gelungen, einen Stich der Cenci zu finden, der Ihnen gefiel?“

„Nein, aber ich habe in Rom eine Miniaturkopie gekauft, die mich fast zufriedenstellte.“

„Fast! Ach, dieser unnachahmliche Mund, die Farbe ebenso wie die Form, die verblassten Rosenblätter; aber man kann es nicht beschreiben. Ein Mann, der ein solches Bild gemalt hat, sollte besser sterben; es würde ihm nichts mehr zu tun geben – er konnte sich selbst nicht übertreffen.

„Jetzt denke ich, Herr Haveloc “, sagte Aveline mit etwas von ihrer alten Verspieltheit, „er sollte besser leben, um für seine guten Taten gedankt und bewundert zu werden: Und nachdem er andere übertroffen hat, braucht er sich keine Sorgen zu machen, dass er es nicht mehr kann.“ sich selbst übertreffen.

„Und was machst du und wen hast du in den Künsten übertroffen?“ sagte Herr Haveloc , beeindruckt von ihrer Antwort.

„Etwas Wunderbares ist im Gange“, sagte Aveline lachend, „wenn es mir besser geht, werde ich alle in Erstaunen versetzen.“ Herr Haveloc war überrascht und erfreut über ihr Gespräch. Schmerz, ob geistiger oder körperlicher Art, beruhigt die Fähigkeiten mancher Menschen; aber bei anderen treibt es sie zu unnatürlicher Vorwärtsbewegung und Aktivität. So war es auch bei Aveline gewesen. In puncto Leistung, Sprache und Allgemeinwissen jeglicher Art war sie einzigartig fortschrittlich und perfektioniert. Alles um sie herum verkündete die Eleganz ihres Geistes; Jede Kleinigkeit trug den Stempel jener klassischen Geschmackskorrektheit, die sie durch Reisen verbessert hatte, die aber Teil ihrer natürlichen Neigungen war.

Als er aufstand, um zu gehen, war es nur natürlich, dass Mrs. Fitzpatrick ihn bat, seinen Besuch zu wiederholen; dass sie ihm versichern sollte, immer ein willkommener Gast zu sein.

„ Tausendmal vielen Dank“, antwortete er, „Sie können sich die Freude nicht vorstellen, die ich empfinde, wenn ich unsere Bekanntschaft erneuere; aber ich kann mich nicht aufmachen, bis Sie zustimmen, einen Tag für unsere Segelexpedition festzulegen: Vertrauen Sie sich mit mir an Bord.“ ?"

„Kommen Sie morgen", sagte Frau Fitzpatrick, „ich werde sehen, wie es Aveline geht, und dann werden wir darüber reden."

„Machen Sie sich gut, Miss Fitzpatrick", sagte Herr Haveloc , als er ihr die Hand schüttelte, „sobald ich Sie an Bord habe, werde ich alle Segel nach Algier setzen."

Dies war eine Anspielung auf ein lachendes Gespräch, das sie einst in Sorrent geführt hatten und in dem es um den Preis ging, den sie alle erzielen würden, wenn sie von einem Piraten des Mittelmeers ergriffen und zum Sklavenmarkt in Algier gebracht würden. Es war klar, dass er sich an alles erinnerte, was jemals passiert war, als sie zusammen waren. War es wunderbar, wenn sie dachte, die Liebe hätte seine Erinnerung wachgerufen?

Nachdem er den Raum verlassen hatte, herrschte einige Augenblicke Stille, und Mrs. Fitzpatrick, die am Fenster saß und Mr. Haveloc beobachtete , als er sich auf den Weg zum Strand machte, sagte:

„Was für einen seltsamen Strohhut er trägt." "Tut er?" sagte Aveline und näherte sich ihrer Mutter.

„Ja, wie die Schnitter im ‚Tempest'."

Und das war alles, was zwischen ihnen über Mr. Havelocs Besuch besprochen wurde.

KAPITEL VI.

Liebe Freunde! Es gab schöne Zeiten
Als die unsern – das ist nicht zu streiten !
Und ein edler Volk hat einst gelebt .
Könnte die Geschichte davon schweige
Tausend Steine würde rotieren zeugen
Die Mann aus dem Schooss der Erde gräbt .
Doch es ist dahin , es ist verschwunden ,
Dieses höchstbegünstigste Geschlecht ;
Wir , wir leben! Unser sind die Stunden ,
und der Lebende hat Recht .
SCHILLER.

„Und so wünschten Sie, Sie wären eine Pirat, Miss Fitzpatrick“, sagte Mr. Haveloc , als sie auf dem Deck seiner Yacht standen. „Ich lobe Ihren Geschmack. Diese Piraten waren hübsche Kerle im Reimen.“

„Es wäre ziemlich spät am Tag , mit Viking zu beginnen , nicht wahr?“ sagte Frau Fitzpatrick.

"Ach nein!" sagte Herr Haveloc ; „Meine Yacht steht Miss Fitzpatrick voll und ganz zur Verfügung. Ich verzweifle nicht daran, dass sie in einer dunklen Nacht irgendein einsames Fischerboot erbeutet. Und denken Sie nur daran, Miss Fitzpatrick, wie ausgezeichnet die Heringe schmecken würden, dass Sie so verdienstvoll vorbeigekommen sind.“ weg."

„Ich wünschte, von einem Piraten abzustammen“, sagte Aveline, „erkennst du nicht den erstaunlichen Unterschied?“

„Oh, sehr großartig! Sie wünschen sich alle ihre Neigungen, ohne die Kraft, sie in die Tat umzusetzen.“

„Schließlich haben diese Wikinger großartige Dinge geleistet “, sagte Aveline. „Sie hatten Mut.“

„Oh, Mut! Das wird einem Mann angeboren; wenn er ihn nicht hat, ist es eine Missbildung, kein Laster. So, als ob er ohne Nase geboren wäre.“

„Sie würden Mut mehr respektieren, Herr Haveloc “, sagte Aveline, „wenn Sie wüssten, was Angst ist.“

„So ein Kompliment wurde mir noch nie gemacht“, sagte Herr Haveloc lachend.

„Wir haben das Recht, Ihnen Komplimente zu machen, wissen Sie“, sagte Mrs. Fitzpatrick, die etwas abseits saß und ein Buch in der Hand hielt. „Aber Sie setzen sich nicht für die Wasserdiebe ein, auch nicht für die Landdiebe.“

„Er tut so, als hätte er keine Begeisterung", sagte Aveline lächelnd.

„Im Gegenteil", sagte Herr Haveloc , „ich gebe zu, dass die Zeit das Verhalten dieser Adligen mildert; und ich bekenne mich zu dem begeisterten Wunsch, sie so behandelt zu sehen, wie sie es verdienen."

„Ich war sehr froh, Miss Fitzpatrick, als unsere kalabrischen Freunde ordnungsgemäß auf die Galeeren geschickt wurden."

„Sie könnten keinen schöneren Namen für Ihre Yacht haben, ‚The Ariel'", sagte Aveline. „Ich bin mir sicher, dass es ein wunderschönes Handwerk ist, obwohl ich solche Dinge nicht beurteilen kann."

„Die Ariel wurde getauft, bevor ich sie bekam", sagte Herr Haveloc . „Wenn ich sie behalten wollte, sollte ich mir die Freiheit nehmen, ihren Namen zu ändern."

„Und wie würdest du sie nennen?" fragte Aveline mit einiger Neugier.

Herr Haveloc zögerte ein wenig und sagte dann: „Die Perle."

„Und ich mag Perlen sehr", sagte Aveline. „Wie viele Dinge gibt es, Herr Haveloc , deren bloße Namen vieles in Erinnerung rufen, was in der Poesie schön ist. Die Perle, das Veilchen, die Lerche."

„Es ist wahr", sagte Herr Haveloc , „ein Rotkehlchen ist ein hübscherer Vogel, aber er wurde nicht so sehr gereimt. Eine Pistole ist eine handlichere Waffe als ein Schwert, aber sie würde in einem Liedtext eine traurige Figur abgeben." "

„Und ein Flügel", sagte Aveline lachend, „wird niemals mit Tränen und Mondlicht gewürdigt, wie eine Laute."

„Und ein schurkischer Pirat wird zur großen Freude aller nüchternen Menschen in Ketten gehängt, während ein berittener Wikinger oder sogar ein spanischer Freibeuter in einer Ballade oder einem leeren Vers gepriesen wird."

„Erlaube", sagte Aveline, „dass Menschen nicht *gut leben können* , die nur in der Gegenwart leben."

„Und dass Menschen nicht klug leben können, die in der Vergangenheit oder der Zukunft leben", sagte Herr Haveloc .

„Ich weiß nicht, ob es eine zu ernste Anspielung ist", sagte Aveline; „Aber ich kann nicht umhin, mich daran zu erinnern, dass ‚die Kinder dieser Welt in ihrer Generation weiser sind als die Kinder des Lichts'."

Herr Haveloc schwieg einige Augenblicke. „Ich frage mich, was das genau bedeutet", sagte er schließlich.

„Ich denke, es bedeutet, den Aufrichtigen ein wenig Trost zu spenden, wenn sie feststellen, dass ihnen ihr ganzes Leben lang Unrecht getan und sie von denen übertroffen werden, die skrupellos mit ihren Werkzeugen und Waffen umgehen", sagte Frau Fitzpatrick.

„Kalter Trost", sagte Herr Haveloc immer noch nachdenklich.

„Das glaube ich nicht", antwortete Frau Fitzpatrick. „Ich denke, es ist Trost genug, wenn einem ehrlichen Mann von höchster Autorität gesagt wird – es wird so sein – du wirst nicht übertreffen – du wirst nicht bereichert werden – du wirst nicht gut über dich sprechen, wie über deinen prinzipienlosen Nachbarn – das wirst du Lassen Sie sich von denen täuschen und verarmen, die geschickter sind als Sie selbst, geschickter in Künsten, deren Ausübung Ihr Beruf Ihnen verbietet. Wenn ihnen das nicht gesagt wird, könnten sie unruhig und unzufrieden werden und sich selbst einen Teil des Versagens zuschreiben, das dazu gehört Tatsache ist, dass diese Welt die Heimat der Bösen ist, für den christlichen Pilger jedoch ein fremdes Land.

Herr Haveloc schien von ihren Bemerkungen sehr beeindruckt zu sein, schwieg jedoch.

„Mr. Lindsay ist eine Veranschaulichung von Mamas Idee", sagte Aveline, „er ist viel zu ehrlich, um jemals reich zu sein. Klarer Umgang antwortet nie mit einem normalen Verstand; und ich überlasse es Ihnen, zu beurteilen, wie viele überlegene Leute sich darauf einlassen." die Art und Weise eines Landpraktikers."

„Sie denken mit dem alten Dichter", sagte Herr Haveloc .

„Die Sterne sind nicht weiter von der Erde entfernt, als der Gewinn aus Ehrlichkeit ist!"

„Das ist sehr gut gesagt", bemerkte Frau Fitzpatrick, „wem gehört es?"

„Beaumont und Fletcher's", antwortete er.

„Ich wünschte, du würdest uns ‚Die treue Hirtin' vorlesen", sagte Aveline, „das hättest du in Sorrento tun sollen, nur hattest du die Autorin nicht bei dir."

Lust dazu haben ", sagte Herr Haveloc ; „Aber zuerst, Miss Fitzpatrick, muss ich dafür sorgen, dass Sie etwas bequemer aussehen. Ich werde einen Haufen Kissen bestellen und Sie wie ‚Lalla Rookh ' aufstellen, bevor ich anfange zu lesen."

„Oh! Was für ein Sybarit!" rief Aveline, als er einen Stapel roter Seidenkissen für sie auf dem Deck arrangierte, „schau mal, Mama!"

Haveloc zu großem Dank verpflichtet ", sagte Mrs. Fitzpatrick, „und fühle mich kaum geneigt, mich mit seiner luxuriösen Ausrüstung herumzustreiten , denn wirklich Aveline, Sie sehen langsam ziemlich erschöpft aus."

„Ich hoffe, er ist schlau, dieser Landpraktiker", sagte Herr Haveloc und blickte plötzlich von seiner Aufgabe auf.

"Clever!" rief Aveline. „Mama wäre sehr beleidigt über jeden anderen , der sich anmaßen würde, sie Mr. Lindsay als klug zu bezeichnen. Er ist ein Mann mit ausgezeichnetem Urteilsvermögen, Mr. Haveloc ."

„Ich freue mich darüber", sagte Herr Haveloc , „für Sie."

Aveline lächelte und machte es sich gemütlich, um zuzuhören.

Der Tag war wunderschön, die Küste in der Ferne war auf ein Miniaturbild reduziert, das in die köstlichsten und vielfältigsten Farbtöne getaucht war. Die Luft war heiß und still, und nichts unterbrach die Stille außer dem Schlagen eines Segels und dem sanften Geräusch des Wassers, das langsam an der Seite des Schiffes anstieg und abfiel.

„Wir kommen nur wenig voran", sagte Herr Haveloc .

„Das spielt keine Rolle. Es ist angenehm, vor Anker zu liegen. Angenommen, wir wären mitten im Pazifik in Windstille?" sagte Aveline.

„Mit einem Tagesessen an Bord", sagte Herr Haveloc .

„Es ist sehr angenehm, in eine große Gefahr geraten zu sein, nachdem alles vorbei ist", sagte Aveline.

„Das macht das Vergnügen schrecklicher Träume aus", sagte Herr Haveloc .

„Aber sie sind nicht deutlich zu unterscheiden – wirklich genug", sagte Aveline. „ Alles scheint durch eine Mattscheibe zu geschehen."

„Man könnte meinen, Sie hätten Opium genommen, Miss Fitzpatrick", sagte Mr. Haveloc lachend.

„Das tut sie regelmäßig", sagte Mrs. Fitzpatrick mit besorgtem Blick und richtete ihren Blick auf sein Gesicht.

Er wirkte überrascht und gequält, schlug das Buch hastig auf und begann zu lesen.

Aveline war von der „treuen Hirtin" verzaubert. Sie erhob sich halb auf ihren Kissen, mit geröteten Wangen und weit geöffneten großen, durchsichtigen Augen, und fürchtete, ein einziges Wort zu verlieren.

„Das ist sicherlich die hellste Pastoral, die jemals geschrieben wurde", sagte sie, als er das Buch am Ende des ersten Akts hinlegte.

„Gefällt es dir besser als ,Comus'?", fragte er.

„Ich vergleiche sie nicht gern", sagte Aveline. „Aber in den Versen von Beaumont und Fletcher scheint es so viel weniger Mühe zu geben. Und was für eine stattliche Einfachheit im Anfang, was für ein Reichtum in den lyrischen Sätzen! Sie scheinen vom gelbbraunen Sonnenschein der griechischen Inseln inspiriert worden zu sein, während die ganze Waldlandschaft scheint mit dem frischen Tau einer englischen Sommernacht zu glitzern.

leidet Miltons ,Comus' unter dem leichten Nachteil, dass er nicht zuerst geschrieben wurde", sagte Herr Haveloc .

„Ah! Sie wollen damit andeuten, dass er einige der Ideen übernommen hat", sagte Aveline lachend.

„Oh! Er hat sich nie etwas geliehen; es handelte sich um Straßenraub, Piraterie, Miss Fitzpatrick."

„Sie mögen Milton nicht, wie ich sehe", sagte Aveline.

„Nein. Alle seine Gefühle waren äußerst persönlich. Seine Scheidungstheorie wurde durch seine bittere Unzufriedenheit mit seiner Frau nahegelegt. Seine Demokratie durch die Partei, die er vertrat. Seine Religion war die strenge Bigotterie seiner Fraktion, nicht das, was den Einzelnen verbessert. Und Die viel bewunderte Anekdote, wie er nachts seine Töchter hochgeklopft hat, um seine Verse zu schreiben, scheint mir das coolste Beispiel selbstsüchtiger Eitelkeit zu sein, an das ich mich jetzt erinnern kann. Stellen Sie sich vor, Miss Fitzpatrick, wie Sie grob aus einem köstlichen Traum geweckt wurden, um das Blei niederzuschreiben Strophen von ,Paradise Regained'."

„Mama denkt, dass du Verrat redest", sagte Aveline.

„Alles Gute, was ich von ihm weiß, ist, dass er, wenn er sich ein falsches Prinzip angeeignet hatte, es konsequent befolgte", fuhr Herr Haveloc fort . „Sie wissen, dass er das Amt, das ihm Karl der Zweite so großzügig anbot, hartnäckig ablehnte."

„Es war großzügig", sagte Aveline, „denn Miltons Poesie hatte damals noch nicht den Stempel der Zeit erhalten, und Charles war nicht durch seine Meinung gezwungen, gegenüber dem Autor von ,Paradise Lost' großzügig zu sein."

Sie unterhielten sich weiter über verschiedene Themen, bis es Zeit für das Mittagessen war. und dann würde Mr. Haveloc nicht zulassen, dass Aveline umzieht. Er brachte alles , was ihr seiner Meinung nach gefallen könnte, auf das Deck und bediente sie mit größter Sorgfalt.

Er war immer krankhaft von Krankheiten betroffen. Wenn ein Diener krank wäre, könnte nichts seiner Freundlichkeit und Aufmerksamkeit gleichkommen; und deshalb war es nicht überraschend, dass er so viel Wert auf Avelines Wohlergehen legte.

Im Laufe des Nachmittags wurde ihr sehr kalt. Ein Schal nach dem anderen wurde wirkungslos um sie gewickelt. Herr Haveloc war beunruhigt, aber Frau Fitzpatrick sagte, es sei immer so, ungefähr um diese Zeit, und dass es vergehen würde. Doch als es vorbei war, war Aveline so erschöpft, dass sie kaum in das Boot steigen konnte, das man herabließ, um sie ans Ufer zu bringen. Eine frische Brise war aufgekommen; Es war eine ziemlich holprige Landung. Das Boot konnte nicht nahe genug an den Steg herangebracht werden. Nachdem Mr. Haveloc ein paar geflüsterte Worte mit Mrs. Fitzpatrick gewechselt hatte, sprang er knietief ins Wasser, nahm Aveline in seine Arme und trug sie nicht nur ans Land, sondern über die Schindel und den felsigen Weg hinauf Sie brachten sie in Sicherheit auf das Sofa am Wohnzimmerfenster , als Mrs. Fitzpatrick, der der Verwalter geholfen hatte, durch die Glastüren hereinkam.

Aveline war sehr schockiert, aber was hätte man tun können? Sie war nicht in der Lage zu gehen und die Wahl lag zwischen Herrn Haveloc und dem Verwalter.

Mr. Haveloc begann sich zu entschuldigen, aber beide lachten, bevor er sie beendet hatte. Es war ihm ein ernstes Anliegen, den Damen weitere Dienste anzubieten – er wollte bei der Abholung ihres Arztes behilflich sein.

Aveline lachte und versicherte ihm, dass es ihr nicht schlechter ging als sonst. Sie wusste kaum, was Mr. Lindsay zu ihr sagen würde, wenn sie ihn umsonst rufen würde. Er war gegenüber eingebildeten Beschwerden sehr gnadenlos.

Er konnte das traurige Interesse, das sie hervorrief, kaum verbergen. So gedämpft, so strahlend vor fieberhafter Erregung. Aber er nahm eine fröhliche Miene an, nahm seinen Hut, sagte Mrs. Fitzpatrick, er solle sie am nächsten Morgen bedienen, um zu erfahren, ob sie ihm verziehen habe, dass er ihre Tochter ermüdet habe, und flehte Aveline an, ihr das beste Gesicht zu geben, das sie konnte Angelegenheit, damit Mrs. Fitzpatrick nicht alle Ausflüge für die Zukunft stoppt.

Kapitel VII.

Wer vor dem Leiden fliehen will, muss sterben,
denn Leben ist Leiden, und das Heilmittel des Lebens ist der Tod. Die
Erde, das Meer, die strahlende Kugel des Tages, der sternenübersäte
Himmel, der sanfte Glanz des Mondes ,
das alles ist wunderschön – der Rest ist Angst und Trauer; und wenn
irgendetwas Gutes dein Los zu segnen scheint, halte es nicht für Glück.
ÄSOP.

Am nächsten Morgen, so früh er noch hoffen konnte, eingelassen zu werden,
machte sich Herr Haveloc auf den Weg zu Frau Fitzpatrick und trug einen
Strauß wunderschöner Passionsblumen im Gepäck. Als er auf die Veranda
kam, bestieg ein Herr sein Pferd, um davonzureiten. Er sah aus wie ein Arzt
und war in Wirklichkeit kein anderer als Mr. Lindsay. Der gute Arzt warf
Herrn Haveloc , als er an ihm vorbeiging, einen scharfen Blick zu, begleitet
von einem leichten Kopfschütteln, was bedeuten könnte, dass sein Auftrag
vergeblich war, wenn er als Verehrer dorthin kam.

Mr. Haveloc verstand die Geste nicht so, sondern befürchtete lediglich, dass
es Miss Fitzpatrick noch schlimmer gehen könnte. Er klingelte, wurde
eingelassen und trat ein.

Aveline lag auf dem Sofa und zeichnete auf einem kleinen Ständer, der neben
ihr auf dem Tisch stand. Sie streckte Mr. Haveloc ihre Hand über die Tribüne
hin und versicherte ihm spielerisch, dass sie ihr Wort gehalten und Mr.
Lindsay gestern keine Geschichten über ihre schwulen Machenschaften
erzählt hatte.

Mrs. Fitzpatrick schüttelte ihm schweigend die Hand.

Er ging herum, um sich Avelines Zeichnung anzusehen.

„Wunderschön! Miss Fitzpatrick", rief er; „Wie viele Fortschritte haben Sie
in der Kunst gemacht, seit Sie die Alpen überquert haben?"

„Glaubst du? Nicht so viele", sagte Aveline und legte ihren Pinsel nieder.
„Irgendwas stimmt mit der Farbe meines Himmels nicht. Aber diese
Passionsblumen; wie herrlich! Bringt Ihre Villa solche Schätze hervor?"

„Kommst du vorbei und siehst es dir an?" er sagte. „Ich weiß nicht, was Mrs.
Fitzpatrick zu meinem Versuch sagen wird, Sie wieder herauszulocken; aber
wenn Sie Ihre Müdigkeit wirklich überwunden haben –"

„Perfekt", sagte Aveline; „Tatsächlich hat es mir so viel Spaß gemacht, dass
es das Finale der Expedition ziemlich ausgleicht."

„Was sagen Sie dazu, Mrs. Fitzpatrick?" fragte Herr Haveloc und blickte durch sein Glas auf Avelines Zeichnung. „Ein wenig Indigo, glaube ich, würde den Himmel in Ordnung bringen."

„Tu es für mich", sagte Aveline und bot ihm einen Pinsel an.

„Das ist eine ernsthafte Überlegung", sagte Mrs. Fitzpatrick und versuchte, fröhlich zu wirken. „Es wird sich alles abwaschen", sagte Herr Haveloc und beschäftigte sich immer noch mit dem Himmel.

„Ich meinte den Besuch in Ihrer Villa", sagte Mrs. Fitzpatrick.

„Oh! Miss Fitzpatrick, Sie haben keine Ahnung, was für ein seltsames kleines Tier der Besitzer meines Fischerhäuschens mit mir verbunden hat", sagte Mr. Haveloc . „Ich denke wirklich, ich werde ihn kaufen und mitnehmen. Ein norwegisches Pony , so klug wie ein Hund und mit langen Haaren bedeckt, die ich nur mit zerlumpten Grasbüscheln vergleichen kann."

„Ich möchte es sehen", sagte Aveline.

Sie war es so gewohnt, dass ihre Mutter jeden Wunsch erfüllte, dass sie, ohne überhaupt egoistisch zu sein, fast davon ausging, dass jeder Wunsch, den sie hegte, sofort in Erfüllung ging.

Herr Haveloc war von ihrem Verhalten sehr amüsiert.

„Du sollst ihn sehen, wann immer du willst", sagte er. „Angenommen, ich bringe ihn morgen hierher und du reitest ihn zur Fischerhütte."

„Oh, Mama! Das wäre schön", sagte Aveline.

„Mein Vorgänger hatte eine große Vorliebe für Gartenarbeit", sagte Herr Haveloc . „Sein kleines Gewächshaus ist vollgestopft mit Luftpflanzen, und er hat einige Wasserpflanzen von gleichem Wert, die aber selten sind."

„Oh! aber wir müssen die Pflanzen sehen, Mama", sagte Aveline.

„Ich glaube, noch nicht", sagte Frau Fitzpatrick; „Aveline sollte besser zuerst einen kurzen Ritt machen, um ihre Kräfte zu testen, denn die Villa muss zwei Meilen entfernt sein; und ich glaube kaum, dass sie dieser Anstrengung gewachsen ist."

„Oh! Schicken Sie Mark bitte nach dem Pony , Mr. Haveloc ", sagte Aveline eifrig. „Ich werde der armen Frau Brand einen Besuch abstatten; denn es ist so lange her, seit ich diesen steilen Weg hinuntergegangen bin. Ach! Am Morgen, nachdem ich nach Hause kam, war das das letzte Mal, dass ich einen so langen Spaziergang machen konnte."

Frau Fitzpatrick schwieg. Herr Haveloc konnte sehen, dass sie an diesem Tag wegen ihrer Tochter ungewöhnlich deprimiert war. „Ich werde ihn selbst holen", sagte Herr Haveloc . „Ich glaube, es gibt einen Damensattel im Stall, aber ich weiß kaum, was ich besitze – denn ich habe meine Pferde nicht dabei."

„Aber warum nicht Mark schicken?" sagte Frau Fitzpatrick.

„Weil ich nichts auf der Welt zu tun habe", sagte Herr Haveloc . „Ich werde dafür sorgen, dass das Pony gereinigt wird. Ich werde den Sattel finden, von dem ich weiß, dass er nicht gefunden werden wird, wenn ich nicht danach suche, und ihn in der Hälfte der Zeit hierher bringen, die ein Diener dafür benötigen würde."

„Oh! Danke", sagte Aveline.

„Mrs. Fitzpatrick scheint halb nicht bereit zu sein, mir noch einmal Ihr Vertrauen zu schenken", sagte Mr. Haveloc , als er aufstand.

„Nein, in der Tat", sagte Mrs. Fitzpatrick, „meine Abneigung besteht lediglich darin, Sie zu einem Spaziergang in der Hitze zu veranlassen, wenn mein Diener Ihnen die Mühe so leicht ersparen könnte."

Er kam zurück, bevor sie seine Rückkehr für möglich gehalten hatten, und führte das Pony bis zum Wohnzimmerfenster, um Aveline zu begutachten.

Sie war begeistert davon. Die Kreatur war gut proportioniert, hatte ein scharfsinniges Auge und einen kleinen Kopf, der halb unter einem Mähnenwald verborgen war. Sein Haar wuchs in üppigen Büscheln, wie verdorrtes Gras, und hatte sehr viel von dieser Farbe ; Wenn also Pferde den gleichen Illusionen über ihr persönliches Aussehen unterliegen, die normalerweise bei Menschen vorkommen, dann ist es wahrscheinlich, dass er sich selbst eingebildet hat, schneeweiß zu sein.

Aveline wollte unbedingt sofort aufbrechen; aber Frau Fitzpatrick riet, dass Herr Haveloc , da die Sonne immer noch sehr stark schien, mit ihnen speisen und sie anschließend hinausbegleiten sollte. Er stimmte dieser Vereinbarung bereitwillig zu und verbrachte die Zeit bis zu ihrem frühen Abendessen damit, mit Mrs. Fitzpatrick durch den hübschen Garten und die Büsche zu schlendern; während Aveline, die in einem niedrigen Sessel am Fenster lag, das Vergnügen hatte, ihn ständig im Blick zu behalten.

Mrs. Fitzpatricks Niedergeschlagenheit verstärkte sich, als sie von ihrer Tochter getrennt war. Sie sprach selten, und die wenigen Worte, die sie aussprach, klang mit dieser tiefen, schwachen Stimme, die für Menschen, die erfahren haben, dass sie seelisch betrübt sind, ein ausreichender Hinweis ist.

Herr Haveloc ging sofort auf das Thema ein.

„Es tut mir wirklich leid", sagte er, „dass Miss Fitzpatrick so wenig Müdigkeit ertragen kann. Ich hoffe, Sie haben wirklich Grund, mit Ihrem medizinischen Berater vollkommen zufrieden zu sein."

„ In Ordnung ", sagte Mrs. Fitzpatrick und wandte sich ihm mit totenbleichem Gesicht zu, „alles Mögliche wurde getan."

„Mein Gott! Du meinst nicht –", rief er, „du kannst nicht so ganz –"

Mrs. Fitzpatrick schüttelte den Kopf. Er schien sehr schockiert zu sein; Aber ihr war klar, dass sein Verhalten nicht das einer Person war, die eine gewisse Bindung zu ihrer Tochter verspürte oder irgendetwas anderes als das natürliche Mitgefühl, das das frühe Schicksal eines so interessanten Geschöpfs erwecken musste. Da sie wusste, wie unsicher es um Avelines Gesundheitszustand war, konnte sie es kaum bereuen, dass ihm das Elend erspart geblieben war, ihre Tochter zu lieben: Ihr einziger Wunsch war, ihn so lange in ihrer Nähe zu haben, wie sie lebte. In Avelines schwachem Zustand war sie sich sicher, dass sie den Schmerz der erneuten Trennung von ihm nicht ertragen konnte; und sie kam zu einem gleichermaßen würdevollen und einzigartigen Entschluss. Sie beschloss, ihn zu bitten, seine Besuche fortzusetzen, solange ihre Tochter in der Lage sei, daraus Zufriedenheit zu ziehen.

Nach einer schmerzhaften Pause von einigen Augenblicken kam er selbst wieder auf das Thema zu sprechen.

„Es ist so natürlich, dass Sie nervös sind – so vernünftig, dass Sie ihren Fall in einem verzweifelteren Licht sehen sollten als alle anderen", sagte er; „Man vergisst, dass sie Jugend, Ruhe und all die Fürsorge hat, die man dem empfindlichsten Kranken widmen kann; es gibt so viele Dinge, die für sie sprechen ."

„Und glauben Sie nicht", sagte Frau Fitzpatrick, „dass ich mir das alles tausendmal gesagt habe. Dass ich gebetet, gekämpft und gehofft habe, bis die Hoffnung vergeblich war?"

Er sah sehr verzweifelt aus; in Wirklichkeit gilt dies viel mehr für Mrs. Fitzpatrick als für Aveline. Er hegte eine starke Achtung und eine aufrichtige Freundschaft für die Mutter; Für die Tochter spürte er lediglich das Interesse, das ihr prekärer Gesundheitszustand kürzlich geweckt hatte.

„Aber gibt es nichts", sagte er eifrig, „eine andere Behandlung, ein wärmeres Klima. Warum nicht Madeira ausprobieren? So viele haben davon profitiert –"

„Weil an diesem Ort im Sommer kein Klima unser eigenes übertreffen kann", sagte Frau Fitzpatrick, „und Aveline nicht noch einmal von einem Winter auf die Probe gestellt werden muss."

Es lag etwas Schockierendes in ihrer Ruhe. Er sah sie an, als verstünde er nicht, was sie sagte.

„Trotz aller Trauer", fuhr sie fort, als würde sie auf einen ihrer eigenen Gedanken antworten, „es ermüdet Sie, oder Sie ermüden, also gibt es so oder so ein Ende; und ein großes Ende, Herr Haveloc , in der Ausbildung." der Seele. Ein Zweck, so wichtig, dass wir nicht so feige vor der Qual der Mittel zurückschrecken sollten.

„Ich wünschte wirklich, es stünde in meiner Macht, Ihnen Trost oder Erleichterung zu spenden", sagte er, „aber in diesem Fall sind Worte müßig."

„Und doch gibt es eine Sache, Herr Haveloc , die ich Ihnen niemals vorschlagen könnte, wenn Avelines Schicksal weniger sicher wäre. Ihre Gesellschaft ist für sie ein Vergnügen, und im Krankheitsfall ist jedes Vergnügen so eingeschränkt, dass ich Angst um sie habe die geringste Entbehrung. Kann ich Sie bitten, uns einen Teil Ihrer Zeit zu widmen, während Sie in der Nachbarschaft bleiben ? Kann ich Sie sogar bitten, Ihren Aufenthalt über das hinaus zu verlängern, was Sie ursprünglich beabsichtigt hatten? Wenn sie verweilen sollte —"

Ihre Stimme versagte ihr.

„Ganz gern, meine liebe Frau Fitzpatrick", rief er eifrig aus, „Krankheit lässt kaum Linderung zu. Ich wäre in der Tat dankbar, wenn ich Ihrer Tochter oder Ihnen selbst Trost spenden könnte."

„Sie sehen, wie verzweifelt ich geworden bin", sagte Mrs. Fitzpatrick mit einem Lächeln, „von Ihnen eine solch melancholische Abgeschiedenheit zu verlangen. Sie, deren Reichtum und Stellung Sie in der Gesellschaft der Allgemeinheit so willkommen und so liebkosen lassen würden. Aber alle Überlegungen gehen durch." Weg zur Annäherung an den Tod.

„Gütiger Himmel! Kannst du glauben, dass ein solcher Gedanke bei mir auch nur einen Moment Gewicht haben könnte?" Er sagte hastig: „Ist das Leben ein Spiel im Mai, bei dem wir nur die Stunden zählen sollten, die wir dem Feiern und Vergnügen widmen? Ich schätze mich glücklich, dass ich in einer Zeit so großer Angst und Not bei Ihnen sein kann."

„Das habe ich von Ihnen gedacht. Ich hatte allen Grund, es zu denken", sagte Mrs. Fitzpatrick und drückte die Hand, die er ihr entgegenstreckte, „bleiben Sie, da ist Aveline; was könnte sie dazu bewegen, herauszukommen?"

Als sie am Ende der schmalen, schattigen Allee stand, die ihnen zuwinkte, schienen das sanfte Flattern ihres weißen Kleides und die schattigen Umrisse ihrer Figur wie eine dunkle Vorahnung des Schicksals, das sie erwartete. Herr Haveloc eilte an ihre Seite.

„Kommt ihr zum Abendessen, ihr zwei?" sagte sie spielerisch: „Ich habe nichts dagegen, warten zu lassen, da ich meine Fahrt erst beginnen kann, wenn diese Angelegenheit erledigt ist."

„Und hättest du nicht einen Diener zu uns schicken können", sagte er, „war es notwendig, dass du dich ermüdest, indem du in der Hitze herauskommst? Ich werde das Pony einsperren, wenn du irgendwelche Unvorsichtigkeiten begehst . Nimm meinen Arm und behalte ihn." im Schatten."

„Du würdest mich als sehr krank hinstellen", sagte Aveline und lehnte sich an ihn. „Ich verzweifle noch nicht daran, einen guten Galopp auf dem Pony zu haben . Oh! Herr Haveloc , Sie haben mir seinen Namen nicht gesagt. Wie lautet er?"

„ Hakon Jarl."

„Entzückend! Mama, hast du jemals so einen Namen gehört? Aus Oehlenschlägers Tragödie . Er soll etwas Brot von unserem Esstisch bekommen."

Und Aveline hielt ihr Wort und fütterte das Pony vom Fenster aus, anstatt ihr eigenes Abendessen zu essen.

KAPITEL VIII.

Ma. Dann glaubst du nicht, Arnold, an die Sterne?
Ar. Ja, in den Sternen – wenn sie in einer Winternacht
so dick wie frisch gefrorene Tautropfen auf dem dunklen Bogen des
Himmels stehen – oder wenn sie
gespiegelt auf dem wogenden Meer liegen – oder sich
langsam und schwach in den Sommerhimmel
schleichen – außer diesen unwissende Dolmetscher, sie sind kaum der
Verachtung des Unglaubens wert.
ANON.

Aveline erklärte, dass sie sich ihre Fahrt nicht nehmen lassen würde, wenn der Abend in seiner ganzen Frische hereinbrach; aber Herr Haveloc sagte, dass er sah, dass sie träge war; dass der Morgen die richtige Zeit für Bewegung sei und dass Hakon Jarl am nächsten Tag sein Begleiter sein sollte, wenn er Mrs. Fitzpatrick seine Aufwartung machte.

„Ah! Du wirst morgen kommen, das ist gut", sagte Aveline, „aber lass mich heute Abend nicht ganz ohne Mitfahrgelegenheit gehen; lass mich eine Runde um den Garten machen."

Mr. Haveloc warf Mrs. Fitzpatrick einen Blick zu.

„Ja, lass sie", sagte sie in einem Tonfall der Verzweiflung.

Das Pony wurde ans Fenster gebracht; Aveline wurde hochgehoben, und Herr Haveloc übernahm die Zügel und führte ihn durch das Gebüsch und die breite Terrasse entlang.

„Ich frage mich, ob er die Stufen zum Sand hinabsteigen könnte", sagte Aveline.

„Er könnte es, daran habe ich keinen Zweifel", sagte Herr Haveloc , „aber Sie –"

„Ich würde es so genießen, im Mondlicht durch den Sand zu reiten", sagte Aveline. „Oh! Ich bin ganz stark genug – keine Angst."

Herr Haveloc führte das Pony vorsichtig die steilen Stufen hinunter und über die Kieselsteine zum Sand, der sich jetzt weit und trocken erstreckte, da die Flut am niedrigsten war.

„Wie froh bin ich, dass wir am Meer leben", sagte Aveline. „Für einen Teil des Jahres ist es herrlich", sagte Herr Haveloc . „Im Winter sollte es mir egal sein."

„Aber es ist im Winter", sagte Aveline, „dass die Wellen so rau sind; man sollte sehen, wie sie in einer stürmischen Nacht gegen diese Landzunge laufen, wenn man einen Blick auf den Schaum erhascht, der dort hoch gegen die Spitze des Felsens geschleudert wird." , gerade als der Wind die Wolken zerrissen hat und für einen Moment den Mond erblicken ließ. Das Meer würde ich mir im Winter nicht entgehen lassen. Und dann wird das heisere Rauschen der Wellen auf den Kieselsteinen immer lauter, wenn man es damit vermischt der stürmische Nordwind. Und die Brandung brodelt und schwillt an, und dann teilt sich der weiße Schaum und zeigt das dunkle, wütende Wasser darunter. Nein! Bäume und Felder sind im Winter unfruchtbar; aber im Meer gibt es immer Leben!"

„Und dieses Geschöpf wird die ganze Zeit langsam und unsichtbar ins Grab getragen", dachte er, „so erfüllt vom besten Teil des Lebens – dem Intellektuellen!"

"Du denkst!" sagte Aveline.

„Und du warst es auch; nur du hast laut gedacht", antwortete er.

„Ah! Sehen Sie, Herr Haveloc , sie lassen ein Boot zu Wasser die Bahn des Mondes; und jetzt sind sie wieder im Schatten. Als ich ein Kind war , beneidete ich die Fischer, wenn ich sie an einem hellen Abend wie diesem aufbrechen sah, für ihre fröhliche Nacht zum Angeln."

„Und sie beneideten dich vielleicht, dass du eine gute Nachtruhe genießen würdest, anstatt nass und müde zu werden und nicht zu wissen, ob sie genug Fische fangen sollten, um das Frühstück für den nächsten Tag zu kaufen."

„Vielleicht", sagte Aveline. „Nur wenige Menschen würden mich jetzt beneiden."

„Weil es dir gesundheitlich schlecht geht."

„Ja. Glauben Sie nicht, dass Mama heute sehr deprimiert ist?"

„Sie kam mir so vor."

„Mr. Lindsay sagt ihr die Wahrheit", sagte Aveline, „es ist für mich ein Trost, dessen sicher zu sein; denn er würde mir die Wahrheit sagen, wenn ich ihn fragen würde."

„Das ist ein Trost", sagte Herr Haveloc , „zumindest würde ich es lieber wissen, was auch immer mir widerfahren würde."

„Haben Sie jemals Ihre Wahrsagerei erfahren, Herr Haveloc ?"

„Nein, niemals. Oh ja, das habe ich vergessen! Mir wurde einmal in der Nähe von Rom die Zukunft vorhergesagt, in der Campagna."

„Von einem Zigeuner?"

„Ein normaler Zigeuner, mit einem Gesicht wie der Kopf von Memnon im Museum; lange Augen, mit massiven Gesichtszügen und einer Ober- und Unterlippe von gleicher Dicke."

„Was hat sie dir gesagt? Versuchen Sie, sich zu erinnern."

„Lassen Sie mich überlegen", sagte Herr Haveloc und lehnte sich an den Hals des Ponys, „zuerst hat sie mich um eine Krone gebeten."

„Natürlich hast du es gegeben; aber eine solche Summe hätte dir ein sehr schönes Vermögen einbringen sollen."

„ Das schien die Sybil zu denken, denn sie erzählte mir, dass ich von einer jungen Dame mit dunklen Augen sehr geliebt würde."

Aveline zitterte.

„Dir ist kalt; wir werden die Wahrsagerin im Haus erledigen."

„Nein, nein – machen Sie hier weiter."

„Lass mich ihn zurück in den Garten führen, du vergisst, dass ich Mrs. Fitzpatrick gegenüber für dein Wohlergehen verantwortlich bin. Ich werde weitermachen; obwohl ich nicht wusste, dass du abergläubisch bist."

„Ja, das bin ich, über Zigeuner ."

„Nun, ich habe angedeutet, dass diese erfreulichen Ereignisse immer besser zu erkennen sind, wenn ein starker Kontrast zwischen den Parteien besteht, und dass ich der Sybil gegenüber verpflichtet sein sollte, meiner jungen Dame blaue Augen zu verleihen, bevor sie weiterging. Aber meine Zingara war nicht so entgegenkommend, „sie mochte es nicht", sagte sie, „mit den Sternen herumzuspielen; die dunkeläugige Dame bestand darauf, an mir hängen zu bleiben. Aber sie würde mir unglaublich viel Kummer bereiten."

"Ah!" rief Aveline und steigerte ihre Stimme fast zu einem Schrei. „Was hat sie gesagt? Sag mir, wie – was kam als nächstes?"

„Ich sage Ihnen was, Miss Fitzpatrick", sagte er und führte das Pony die steinige Treppe hinauf, „als ich viele Jahre jünger war, habe ich zu Weihnachten gesessen und Geistergeschichten erzählt, bis ich Angst hatte, hinter mich zu schauen." ; aber ich habe nie gehört, dass dieser Sport für einen Invaliden gut ist. Du hast genauso große Angst vor Zigeunern wie ich vor Geistern. Wir werden über etwas anderes reden."

„Nein, aber ich bitte Sie, Schluss zu machen", sagte Aveline in sanftem Ton.

„Warum die Sybil mir sagte, dass ich diese Verletzung, was auch immer es war, überleben sollte; aber sie lehnte es ab, es deutlicher zu sagen. Sie sagte auch, dass ich auf Wiedersehen sehr glücklich sein würde, vielleicht meinte sie es im Himmel. Ich hoffe es. Aber ich gab nach." überreichte ihr noch eine Krone und wünschte ihr einen guten Tag."

"Ah!" sagte Aveline, „mein Zigeuner war deutlicher."

„Wo hast du deine abgeholt?"

„Hier, am Meeresufer."

„Und welche Neuigkeiten hat sie dir für dein Geld gegeben?"

„Sie hat es mir gesagt – soll ich es wiederholen?"

„Ja, tun Sie es; damit ich Sie auslachen kann?"

„Sie sagte mir, ich solle dem Menschen, den ich am meisten liebe, das Herz brechen und jung sterben."

„Sie war eine Idiotin!" sagte Herr Haveloc .

„Ah! meine Mutter. Soll ich ihr nicht das Herz brechen", sagte Aveline mit einem plötzlichen Tränenausbruch.

„Niemals; du bist krank und gibst Worten eine Bedeutung, über die du lachen würdest, wenn du stärker wärst. Ich glaube, das schlimmste Leid bei einer Krankheit ist die Niedergeschlagenheit, die sie verursacht. Du solltest dich nicht so belasten lassen ."

„Aber wenn ich sterbe –"

„Aber glauben Sie nicht. Die Frau sah, dass Sie zart aussahen, und dachte, sie könnte aus ihrer Warnung einen Nutzen ziehen. Ich wünschte, ich … " Aveline ergriff seine Hand. Vom anderen Ende der Terrasse kam eine Zigeunerin auf sie zu. Er wusste nicht, was er tun sollte; er hatte Angst, Aveline auch nur einen Augenblick zu verlassen, damit sie nicht in Ohnmacht fiele; und noch mehr fürchtete er sich davor, die Frau in Sprechweite kommen zu lassen.

„Haben Sie keine Angst um mich. Sie kann nichts sagen, was ich nicht weiß", sagte Aveline.

„Wollen Sie mir die Zukunft erzählen lassen, meine hübsche Dame und mein hübscher Herr", sagte die Frau, die mit den einschmeichelnden Gesten ihres Stammes auf sie zukam.

„Nein, es ist Geld für Sie da", sagte Herr Haveloc und warf der Frau seinen mit Gold beladenen Geldbeutel zu, „es ist mehr da, als Sie verdienen könnten. Gehen Sie jetzt schnell, die Dame ist krank."

„Möchte sie", sagte die Zigeunerin.

„Nein, ich sage dir. Geh sofort. Du hast hier nichts zu suchen!"

Die Zigeunerin machte mit ihrer Hand ein Zeichen in der Luft, das ihn mit Entsetzen erfüllte; es kam ihm vor, als zeichnete sie die Umrisse eines Sarges nach: – dann lachte sie, drehte sich um und verschwand.

„Es ist dasselbe", sagte Aveline zitternd.

„Es ist der Zigeuner der Campagna", sagte er im selben Moment.

"Was denkst du darüber?" sagte Aveline, als er ihr beim Absteigen half und sie zum Sofa stützte. „Ist es nicht so, als wäre sie gekommen, um die Erfüllung ihrer Vorhersage zu beobachten?"

„Im Gegenteil. Sie kam, weil sie wusste, dass es einfacher ist, Menschen zu erschrecken, als sie um Geld zu erbetteln", sagte er und setzte sich neben sie. „Aber Ihr Mann sollte besser aufpassen."

„Es ist nicht seine Schuld. Denken Sie daran, dass die Terrasse an einem Ende offen ist; aber die Klippe ist so schroff, dass wir sie immer für sicher halten. Da kommt Mama – erzählen wir ihr davon."

Aveline schien wieder fröhlicher zu sein. Der Esstisch war an das Sofa herangezogen. Sie erzählte lachend das Erscheinen der Zigeunerin und versuchte den Eindruck zu erwecken, dass Herr Haveloc große Angst gehabt hatte.

„Gestehen Sie", sagte Aveline, „dass sie Sie in körperliche Angst versetzt hat."

„Es gehört mir", antwortete er. „Du wirst nie wieder von mir sagen, dass ich nicht weiß, was Angst ist."

Mrs. Fitzpatrick schenkte ihm ein dankbares Lächeln. Sie konnte leicht verstehen, weswegen er beunruhigt war.

„Ich fürchte, du warst keineswegs *quitte pour le peur*", sagte Aveline und nahm sich einen Salat. „Denk nur daran, Mama, wie er dem Kerl seine Handtasche zuwirft. So extravagant."

„In der Tat sehr falsch", sagte Frau Fitzpatrick.

„Aber wenn man Angst hat", sagte er lachend, „was soll man tun? Als mein Diener mich fragt, was aus meiner Handtasche geworden ist, muss ich sagen, dass ich von einem Trittbrett angehalten wurde."

„Wird Ihr Diener Sie zur Rechenschaft ziehen?" fragte Aveline und öffnete ihre großen Augen bei dem Gedanken, dass jemand Mr. Haveloc zur Rede stellen könnte.

„Das sollte mich nicht wundern. Er ist ein sehr alter Diener und sagt und tut so ziemlich, was er will."

„Wie gern würde ich hören, wie ihr gemeinsam weitermacht“, sagte Aveline lächelnd.

„Oh! Es kommt selten auf ein Duett hinaus. Normalerweise entlastet er seinen Geist nachts; und wenn ich es leid bin, Ja und Nein zu sagen, schlafe ich ein und entkomme so dem Ende der Vorlesung.“

„Wenn es nicht indiskret war, würde ich gerne wissen, worum es in den Vorträgen ging?“

„Im Allgemeinen finanziell. Wenn er denkt, ich hätte mehr für ein Pferd bezahlt, als es wert ist, wird es lange dauern, bis er darüber hinwegkommt. Er war sehr schockiert, als ich diese Plage einer Yacht kaufte; und in Rom war er ein … ewige Qual. Ich könnte kaum ein Bild oder einen Cameo-Auftritt anschauen, ohne dass er andeutete , dass ich meine Karriere auf der Queen's Bench beenden sollte.

„Aber das zeugt von großer Verbundenheit“, sagte Aveline; „Man sieht heutzutage zu wenig von diesem Gefühl. Aber wir haben großes Glück. Mrs. Grant war ein Schatz.“

„Soll ich morgen kommen, Frau Fitzpatrick?“ sagte Herr Haveloc und erhob sich. „Miss Fitzpatrick erlebt nichts als Unglück, wenn ich die Verantwortung für sie übernehme.“

„Ach, komm!“ sagte Aveline, „auf jeden Fall und lassen Sie das Pony hier. Mark sagte, er könnte ihn unterbringen, und es wird etwas für mich zum Streicheln sein. Ich werde mich morgen selbst ernähren.“

„Da Aveline, du darfst nicht länger aufsitzen“, sagte Mrs. Fitzpatrick.

„Ich bin ganz Gehorsam“, sagte Aveline und erhob sich. „Gute Nacht, Herr Haveloc , ich hoffe, Sie werden unserer Zigeunerin auf dem Heimweg nicht begegnen.“

KAPITEL IX.

Unsere Freuden sind mit Kummer verwandt – mit der Zeit wird
die Zeit der besten Gesundheit aufhören: KrankheitWohnt in unserem
Haus und öffnet dem Tod eine Tür.
Inmitten günstiger Stürme und Sommerhimmel
erheben sich oft wie wild die Brecher der Zerstörung und zerstören unsere
Hoffnungen an der felsigen Küste.
AGAMEMNON.

Wenn Mr. Haveloc nicht völlig von seiner Zuneigung zu Margaret fasziniert
gewesen wäre, wäre es fast unmöglich gewesen, sich so sehr in die
Gesellschaft von Aveline und unter Umständen von so rührendem Interesse
zu stürzen, ohne eine herzliche Bindung zu ihr zu entwickeln.

Ihr Verständnis war reifer, ihre Fantasie heller, ihre Kenntnisse größer als die
von Margarete. Sie war nicht in einem Internat gewesen; und sie hatte durch
den nachdenklichen Geist ihrer Mutter mehr Bildung erhalten als durch alle
ihre Meister. Sie war weniger schön als Margaret – weniger anmutig, aber
eleganter; Ihr Aussehen hatte mehr Stil und weniger Einfachheit. Deshalb
sah sie älter aus, als sie war, und Margaret jünger. Und in den Einzelheiten
des häuslichen Lebens war sie vielleicht gebildeter als Margaret, um die
Fantasie zu erregen und die Aufmerksamkeit zu erregen.

Sie war es gewohnt, all diese kleinen Anforderungen an die Sympathie und
Unterstützung ihrer Mitmenschen zu stellen, die man bei französischen
Frauen so häufig sieht und die für Männer in diesem Land im Allgemeinen
attraktiv sind, vielleicht wegen ihres Kontrasts zu den ruhigeren und
unabhängigeren Gewohnheiten der englischen Frauen im Allgemeinen.

Wenn sie der kleinen Jane eine Haube und einen Umhang schenken wollte,
wurden Herr Haveloc und ihre Mutter an den Tisch gerufen und mussten
sich die Muster ansehen, die der Diener aus der Nachbarstadt mitgebracht
hatte , und die Farbe und Mode der Kleidungsstücke besprechen . Und Herr
Haveloc wurde gebeten, zu Brands Hütte hinunterzugehen und sich das
Kind anzusehen, um zu sehen, ob Rot oder Blau am besten zu ihm passen
würde; und sich nach Mrs. Brands Gesundheitszustand zu erkundigen und
den besten der beiden Toms zu fragen, ob es ihm schon gelungen sei, das
Seegrasexemplar zu finden, das Miss Fitzpatrick zur Vervollständigung ihrer
Kryptogamie- Bestellungen wollte .

Diejenigen, die ihr Leben damit verbringen, von Ort zu Ort zu wandern,
wissen kaum, wie viel Nutzen sie verlieren, wenn sie keinen festen Wohnort
haben. In einem Haus sammeln sich so viele kleine, elegante Kleinigkeiten
an, die nie eingepackt und von einer Mietwohnung zur anderen getragen

werden können. Mrs. Fitzpatricks Haus war genau die Art von Haus, in dem man den Morgen gemütlich ausklingen lassen konnte. Stühle und Sofas aller Art waren im Raum verstreut; Sie wurden von den geschnitzten Tischen angezogen oder verführerisch in der Nähe des großen, offenen Fensters platziert, von dem aus man sofort in den Garten gelangen konnte, wo die schönsten Blumen die Luft mit ihrem Duft erfüllten und die Drahtkörbe, in die sie gepflanzt waren, zu überfluten schienen . Die Tische waren mit Büchern und Drucken übersät; mit Kameen, Schnitzereien und erlesenen Miniaturen. Avelines Gemälde stand im Allgemeinen auf einem Leseständer in der Nähe des Sofas, und auf einer Platte am äußersten Ende des Raumes stand ein kleines Lavatablett mit Modellierwerkzeugen, bedeckt von einem Batisttaschentuch mit einem fremden Rand in leuchtenden Farben .

Meist saß Mrs. Fitzpatrick in der Nähe des Sofas und arbeitete an einem großen Stickrahmen, eine Beschäftigung, die für Menschen mittleren Alters gleichermaßen malerisch und würdevoll ist, bei jungen Menschen jedoch die Ressource eines trägen Geistes zu sein scheint. Aveline hatte bisher nur wenige Angewohnheiten einer Invalide. Sie achtete sehr sorgfältig auf ihr Kostüm, das im Allgemeinen aus reich gearbeitetem Musselin bestand, das auf ausländische Weise hergestellt wurde; mit einem großen Cachemere , der irgendwo im Raum lag und der sie von Kopf bis Fuß umhüllte , wenn ihr kalt wurde. Und obwohl es ihr nicht möglich war, sich länger als ein paar Minuten am Stück zu beschäftigen, war es doch überraschend, wie wenig Trägheit ihr Verhalten und ihre Unterhaltung durchdrang. Sie hatte immer ein Buch an ihrer Seite, in das sie einen Blick werfen konnte, wenn sie sich wohl fühlte, und wenn ihre unruhigen Anfälle sie überkamen, wanderte sie im Zimmer umher, ordnete die Blumen, stimmte ihre Harfe oder blätterte in den schönen Virtú-Artikeln um . mit dem der Raum dekoriert wurde. Und wenn sie in ihre leuchtenden Farben gehüllt ist Cachemere, sie lag in einem Sessel, ihre silberne *Bonbonniere* in den Fingern, die sie wie ein alter Höfling mit einer Schnupftabakdose handhabte, ein Fremder hätte das nicht so leicht glauben machen können, aber ihr blieben noch ein paar Wochen Leben.

Es war merkwürdig, dass Mr. Haveloc nie ahnte, dass sie ihn liebte. Sie, die durch seine Anwesenheit neues Leben zu erhalten schien; die ganz und ausschließlich mit ihm beschäftigt war – die kaum den Blick von ihm abwandte, als er kam, und die ihre Zeit damit verbrachte, auf ihn zu warten, wenn er weg war. Er behandelte das alles wie die Einbildung einer kranken Person und unterwarf sich ihren Forderungen viel bedingungsloser, als wenn er versucht hätte, sich in ihr Herz einzuschmeicheln.

Eine schwere Krankheit schwächt im Allgemeinen den Geist; und im Fall von Aveline trübte es ihre Wahrnehmung etwas. Sie maß den ständigen Besuchen von Herrn Haveloc nicht die genaue Bedeutung bei , die sie aus gesundheitlichen Gründen zwangsläufig getan hatte. Sie hatte um seine

Abwesenheit getrauert, sie war zufrieden mit seiner Gesellschaft, und es schien, als ob sie keine Lust verspürte, in die Zukunft einzudringen oder eine Zeit vorherzusehen, in der sie sich trennen müssten.

„Er ist zu spät, Mama", sagte Aveline eines Tages. „Er ist sicherlich heute Morgen später dran. Es ist etwas passiert. Diese Yacht – wissen Sie, es war letzte Nacht sehr windig."

„Mein liebes Kind, ich kann die Yacht vom Fenster aus sehen; und ich glaube nicht, dass er an Bord war, seit wir mit ihm gefahren sind. Außerdem dürfen wir nicht so unvernünftig sein, ihn immer um eine Stunde zu suchen. "

Aveline nahm ihr Buch wieder zur Hand. Plötzlich erschien Herr Haveloc mit einer großen Blume in der Hand am Fenster des Wohnzimmers; eine prächtige becherförmige Blüte mit weißen, rosa gefärbten Blättern, die einen herrlichen Duft im ganzen Raum verströmt.

„Schauen Sie, Miss Fitzpatrick", sagte er, als er auf Aveline zukam, „ich habe auf einen bestimmten Zweck gewartet; meine Seerose hat heute Morgen geblüht. Haben Sie jemals etwas so Schönes gesehen?"

„Und du hast sie mir gebracht", sagte Aveline und nahm die Blume, „wie gut du bist. Ich werde sie direkt ins Wasser legen. Sie soll das Dresdner Glas ganz für sich allein haben; das mit den Stechpalmenbeeren."

Herr Haveloc brachte das Glas und klingelte, um Wasser zu holen.

„Und ist das eine Seerose ? " sagte sie und bewunderte immer noch die Blume. „Von dieser Art kam sie aus Südamerika und ist, glaube ich, die einzige in England. Ich hatte gehofft, es sei eine Lotusblume, nur um mich an Moores Gedichte zu erinnern. Und wie geht es Ihnen heute?"

„Heute? Charmant. Ich könnte alles Mögliche tun. Zum Strand hinuntergehen oder ins Dorf hinauf; oder eine Fantasie auf der Harfe spielen." Während sie sprach, flog eine Schnur. "Horchen;" Sie sagte: „Ich habe eine Harfensaite verloren; eine kleine, dem Klang nach zu urteilen. Schauen Sie einfach hin und sagen Sie mir das Ausmaß des Schadens, Herr Haveloc ."

„Einer der Allerkleinsten. Schauen Sie – hier oben oben."

„Ich muss aufstehen und es reparieren", sagte Aveline. „Die Harfensaiten sind in dieser Schublade, Herr Haveloc ; darf ich Sie belästigen?"

Sie erhob sich träge und ging zur Harfe; Während sie ihre Hand auf den Tisch legte, wählte sie eine der Saiten aus, die Mr. Haveloc ihr gebracht hatte, und begann, die kaputte Saite zu lösen. Aber trotz ihrer Prahlerei war es keiner ihrer guten Tage. Sie schwankte und ergriff zur Unterstützung die Harfe.

„Warum willst du nicht ruhen?“ sagte er und zog einen Stuhl zu ihr heran. „Ich kann deine Schnur anlegen – gib mir den Schlüssel.“

Aveline sank auf den Stuhl und überließ ihm ihre Aufgabe.

„Aber wer hat dir beigebracht, Harfensaiten zu spielen?“ sagte sie mit einem forschenden Blick.

„Ich habe es vor Jahren von einem Harfenspieler gelernt, der die Schwester eines Freundes von mir unterrichtete. Er sagte, ich würde es eines Tages als nützliche Leistung empfinden. Sind Sie nicht seiner Meinung?“

"Perfekt!" sagte Aveline und sah lächelnd zu ihm auf.

„Und auf wen reimt sich diese Zeichenfolge?“ fragte er, als er es angezogen hatte.

„Ah! Du hast recht“, sagte Aveline, „die Oktaven sind die Reime der Musik. Schau, das ist die Oktave.“

„Gehst du jetzt zurück zum Sofa?“ er hat gefragt.

Aveline schüttelte den Kopf. „Ich fühle mich hier wohl“, sagte sie. „Ich habe nicht vor, mich zu bewegen, bis ich unruhig werde. Könntest du die Güte haben, mir das Tablett zu bringen? Ich möchte mir meine Werkzeuge ansehen.“

Sie warf das Taschentuch ab und saß da, spielte mit ihren Werkzeugen und drehte sie um wie ein Kind.

Mr. Haveloc stellte einen niedrigen Stuhl neben sich und begann, sie ebenfalls zu untersuchen.

"Ah!" sagte Aveline und blickte auf. „Ich wollte dir nur raten, dich der Bildhauerei zuzuwenden. Es ist die schönste aller Künste.“

„Stellen Sie es über die Poesie?“ er hat gefragt.

Skulptur ist Poesie“, sagte Aveline eifrig, „nur ist sie eine universelle Sprache „Das, was nicht an die idealsten Gefühle gerichtet ist, wird unangenehm. Das Ideal ist die Atmosphäre der Skulptur. Sie lässt keine Karikatur zu . Denken Sie an Dantons schurkische Statuetten“, und Aveline blickte voller Abscheu.

"Ah!" sagte Herr Haveloc , „auf dem Kaminsims im Wohnzimmer meiner Villa hängt eines von Liszt – ein wunderbares Abbild.“

„Und du hast es nicht in Stücke gerissen?“ behauptete Aveline.

„Das würde nicht dem Ideal entsprechen“, sagte Herr Haveloc . „Gerechtigkeit ist eine Kardinaltugend, und ich nehme an, ein Thema, das des Meißels würdig ist; und Herr Litzt gehört nicht zu mir.“

„Lachen Sie nicht“, sagte Aveline.

„Ich wusste nicht“, sagte Herr Haveloc , „dass Sie solch ein Feind der komischen Muse sind. Ich bin sicher, dass Sie Spaß am Witz haben.“

„Ja. Aber der Geist des Witzes ist das eigentliche Wesen der Prosa, im direkten Gegensatz zur Poesie, die alles ernst nimmt. Und heutzutage wird alles verspottet und parodiert, bis die Leute aus der kleinen Liebe, die sie haben, ausgelacht werden.“ links für das, was edel und schön ist.

„Und dann wird es eine tolle Reaktion geben “, sagte Herr Haveloc . „In ein paar Jahren werden wir alle so nüchtern sein wie Richter.“

„Ich hoffe zumindest“, sagte Aveline, „dass wir lernen, an der richtigen Stelle zu lachen, und zwar nicht über große, sondern über kleine Gefühle und Taten.“

„Wissen Sie, Miss Fitzpatrick, Sie werden mich nach Ihrem Exordium über Bildhauerei des Verrats für schuldig halten. Aber Sie sprechen vom Meißel, und Ihre Instrumente erinnern mich an nichts so sehr wie an den Apparat eines Zahnarztes.“

„Oh, Mama, schimpfe doch mit ihm!“ rief Aveline. „Es ist grausam – auch ein Zahnarzt! Eine Rasse von Menschen, vor denen ich genauso viel Abscheu habe wie die Ägypter vor ihren Einbalsamierern.“

„Na ja, wirklich“, sagte Mrs. Fitzpatrick und blickte von ihrer Arbeit auf. „All diese geheimnisvollen, schlanken kleinen Instrumente, Aveline?“

„Das ist eine Verleumdung!“ rief Aveline und sammelte ihr Werkzeug ein. „Seien Sie nicht böse, Miss Fitzpatrick“, sagte Herr Haveloc . „Ich werde Ihnen sagen, was ich wirklich bewundere. Dieses Taschentuch; die Bordüre ist großartig. Sie haben es im Ausland bekommen. Ich kenne Leute, die gereist sind, immer an ihren farbigen Taschentüchern – sie werden sie sicher in Paris abholen.“

„Oh! In England sind sie mittlerweile weit verbreitet“, sagte Aveline. „Aber das ist eine gute Bordüre, das Muster ist arabesk. Du trägst sie, nicht wahr? Lass mich dir deines ansehen.“

Herr Haveloc zog sein Taschentuch mit violettem Rand hervor.

"Wie kannst du es wagen!" sagte Aveline spielerisch: „Er ist viel schöner als meiner. Was für eine Coxcomb.“

„Dann ändern Sie sich“, sagte Herr Haveloc .

Aveline ergriff mit dem ganzen Eifer eines Kindes sein Taschentuch und warf ihm ihres zu.

Mrs. Fitzpatrick blickte Aveline mit eher ernstem Lächeln an; aber sie lachte und drückte es hinter das Kissen an der Rückenlehne ihres Stuhls, als wollte sie sich ihres neuen Besitzes vergewissern.

„Du wirst deinen Handel bereuen, aber du wirst ihn nicht zurückbekommen", sagte Aveline.

„Überhaupt nicht", sagte er. „Ich habe den hübschen Rand, und von der Feinheit weiß ich nichts darüber."

„Es ist gerade Zeit für das Abendessen", sagte Mrs. Fitzpatrick, „ich hoffe, meine liebe Aveline, Sie sind dafür bereit."

„Ganz hungrig, Mama. Wollen Sie rennen und Hakon Jarl holen, Herr Haveloc ? Ich höre Mark mit seinem Teller Brot kommen."

Mr. Haveloc machte sich sofort auf den Weg, er zögerte keinen Moment, als er ihre Befehle hörte.

Sobald er weg war, zog sie das Taschentuch hervor und betrachtete es voller Freude.

"Ah!" Sie sagte sich: „Endlich habe ich etwas von ihm – ich werde es nicht noch einmal zerstören."

Mrs. Fitzpatrick sah sie seufzend an, sagte aber nichts. „Es besteht jetzt keine Notwendigkeit, nicht wahr, Mama? Als ich dachte, ich würde ihn nie wieder sehen, war es unklug, irgendetwas zu behalten, das mich an ihn erinnern könnte." sagte Aveline, faltete das Taschentuch zusammen und entfaltete es und war ganz in ihre eigenen Gedanken vertieft. „Aber jetzt, wo wir ihn jeden Tag sehen –"

„Sicher – es ist ganz anders", sagte Mrs. Fitzpatrick mit Mühe.

„Du fühlst dich unsicher, was meinen Gesundheitszustand betrifft", sagte Aveline, ohne zu bemerken, wie sehr ihre Worte ihrer Mutter Kummer bereiteten, „aber du weißt, dass es sich vielleicht verbessern könnte."

Mrs. Fitzpatrick, die ihre Stimme nicht unter Kontrolle halten konnte, stand auf und eilte aus dem Zimmer. Dies war ein höchst ungewöhnlicher Fall von Emotionen bei ihr, und wenn Aveline gesund gewesen wäre, hätte ein solcher Umstand sie über alle Maßen aufgeregt.

„Arme Mama", sagte sie und schaute ihrer Mutter nach, „ich glaube, sie macht sich große Sorgen um meine Gesundheit, und das ist kein Wunder; denn manchmal verzweifle ich fast an mir selbst. Jetzt geht es mir jedoch besser." Mr. Haveloc führte das Pony zum Fenster und Aveline fütterte ihn mit einer Scheibe Brot nach der anderen.

„Glauben Sie, dass er mich kennt, Herr Haveloc ?" Sie fragte.

„Das sollte er", sagte Mr. Haveloc , „aber seien Sie vorsichtig, Miss Fitzpatrick, eines schönen Tages wird er Ihre Finger in seine Rechnung aufnehmen."

„Ich bin mir sicher, dass er es nicht mit Absicht tun würde", sagte Aveline.

„Ah! Hier ist Mr. Lindsay. Ich freue mich wirklich, Sie heute Morgen zu sehen; Mama ist sehr schlecht über mich. Gehen Sie und feuern Sie sie an – sagen Sie ihr, dass es mir besser geht."

„Nein – aber bist du es?" fragte Herr Lindsay.

„Was hat das damit zu tun? Ich möchte nicht, dass Sie mich blenden, Mr. Lindsay, sondern Mama. Aber im Ernst, mir geht es nicht schlechter als damals, als Sie mich das letzte Mal gesehen haben."

„ Das finde ich; bei dir geht es im Großen und Ganzen auch", sagte Mr. Lindsay und nahm seine Finger von ihrem Puls.

„Und es ist wichtiger, dass du mir ein gutes Wort gibst", sagte Aveline, „denn ich denke darüber nach, morgen etwas sehr Unvorsichtiges zu tun ."

„ Ja – was ist das?" sagte Herr Lindsay.

„Ich gehe in die Kirche, Doktor", antwortete Aveline.

„Besser geht es nicht", sagte der Arzt trocken. „Es wird ein herrlich heißer Tag sein; und der kleine Spaziergang den steilen Hügel hinauf wird Sie in die Lage versetzen, zwei Stunden lang auf einer unruhigen geraden Bank zu sitzen; – gehen Sie auf jeden Fall."

„Ich dachte, Sie wären pervers, Doktor", sagte Aveline. „Das habe ich erwartet. Und lassen Sie mich Ihnen sagen, zunächst einmal werde ich nicht zu Fuß gehen. Ich habe vor, Hakon Jarl zu reiten. Nehmen Sie ihn zurück, Herr Haveloc , ich habe kein Brot mehr, das ich ihm geben kann."

„Und warum, im Namen all dessen, was gut ist, können Sie nicht innehalten und zu Hause beten?" fragte der Arzt.

„Weil ich es mir nicht aussuche, Herr Doktor. Ich gehe gerne in die Kirche."

„Ah! Viele Leute denken, dass etwas Geheimnisvolles in der Luft einer Kirche liegt", sagte Herr Lindsay. „ Aber gehen Sie Ihren eigenen Weg; eine schlimme Erkältung, die man sich in einer feuchten Kirchenbank eingefangen hat, hat etwas wirklich Frommes – ich gebe Ihnen zu, dass sie die Menschen hin und wieder vorzeitig in den Himmel schickt."

„Ah, Doktor, wenn die Leute Sie nicht kennen würden, würden sie Sie nicht für so gut halten, wie Sie sind. Denken Sie jetzt daran, was Sie Mama sagen werden."

Mrs. Fitzpatrick war jetzt ziemlich gefasst, sogar fröhlich. Sie schüttelte Mr. Lindsay die Hand; „bat ihn, bei ihrem frühen Abendessen etwas zu Mittag zu essen" und rief Herrn Haveloc aus dem Garten.

„Aveline ist Ihr Schützling, wissen Sie", sagte Mrs. Fitzpatrick, „ich wage nicht einmal, für sie zu schnitzen."

„Was soll es sein, Miss Fitzpatrick?" sagte Herr Haveloc und zog seinen Stuhl an den Tisch.

„Bries, glaube ich", sagte Aveline und sah sich um, „und Pilze." „Keine Pilze;" sagte Herr Lindsay.

"Ich werde!" sagte Aveline.

Mr. Haveloc legte sie auf ihren Teller.

„Warum schütteln Sie immer den Kopf, Herr Doktor, wenn Sie ihn ansehen?" fragte Aveline lachend; „Hat er so sehr den Anschein eines schlechten Subjekts?"

„Ich schüttelte den Kopf über die Pilze", sagte Herr Lindsay.

„Sehen Sie, Doktor, ihre Stimmung ist sehr gut", sagte Mrs. Fitzpatrick mit leiser Stimme.

„Ich verstehe", antwortete er mit einem Nicken. Aber es war offensichtlich, dass er darin keinen Trost sah.

Jeder kennt die Stille, die sich am Sonntag in England über Stadt und Land zu legen scheint. Selbst am abgelegensten Ort ist alles stiller und ruhiger als zuvor. Kein Geräusch von Waggons auf den Nebenspuren ; kein ländlicher Lärm von Arbeitern , die ihrer täglichen Arbeit nachgehen. Und wenn die Landschaft wunderschön ist, der Tag warm und schön ist und diese köstliche Stille überall herrscht, nur unterbrochen vom fernen und unsicheren Klang der Kirchenglocken; Es gibt nur wenige Menschen, die versucht wären, diese erfrischende Wehenpause auszutauschen ; diese reinigende Ruhe für den Geist, für die farbenfrohe Ausgelassenheit eines kontinentalen Sabbattages.

Haveloc auf diese Stille aufmerksam , als er sie am nächsten Morgen vor ihrem Cottage traf.

„Es erinnert mich immer an die Worte des Psalmisten", sagte sie: „Sei still und wisse, dass ich Gott bin!'" Als ob diese vollständige und feierliche Ruhe für den Geist notwendig wäre, bevor er die Majestät der göttlichen Natur betrachten kann.

„Hält Miss Fitzpatrick immer noch an ihrer Absicht fest?" er hat gefragt.

„Das tut sie; es sei denn, Sie können sie davon überzeugen."

„Ich fühle mich sehr unwohl bei dem Gedanken, dass sie geht. Ich habe deutlich gesehen, dass Mr. Lindsay es nicht mochte."

„Guten Morgen, Herr Haveloc ", sagte Aveline. Sie stand am offenen Fenster und war bereit für die Kirche. Ihr weißes Kleid und der prächtige Schal, der mit zwei großen goldenen Nadeln befestigt war, verliehen ihrer Figur etwas Fülle; aber ihr Gesicht sah unter der Haube noch einsamer aus, und die leuchtende Farbe auf ihren Wangen schien mit ihren geschrumpften Umrissen nur schlecht zu harmonieren. Sie wirkte ernster und ruhiger als sonst; nicht gerade niedergeschlagen, aber eine Art gelassene Melancholie; sie setzte sich und reichte Herrn Haveloc ihre Hand ; Dann beschäftigte sie sich ruhig damit, ihre Handschuhe anzuziehen. Es war ein neues Paar in ihrer üblichen Größe, aber jetzt viel zu groß. Sie befestigte sie und betrachtete sie eine Minute lang, ohne zu sprechen.

„Bist du sicher, dass du bereit bist, zu gehen, mein Liebster?" sagte Mrs. Fitzpatrick, beeindruckt und erschüttert von Avelines Verhalten.

„ Ganz , Mama", sagte sie ruhig.

„Du wirst nicht umsichtig sein und lass mich dir zu Hause Gebete vorlesen?" sagte Herr Haveloc , der sich über ihren Stuhl beugte. „Heute nicht; aber wenn ich überlebe, Herr Haveloc , werde ich Sie an einem anderen Sonntag in dieser Eigenschaft besuchen", erwiderte Aveline mit leiser Stimme.

„Das Pony ist fertig", sagte er und nahm ihr Gebetbuch.

„Du hältst mich für sehr eigensinnig , fürchte ich", sagte sie, während er ihren Umhang um sie legte.

eigensinnig zu sein ", antwortete er.

Aveline seufzte; und sprach während der Fahrt nicht mehr. Herr Haveloc führte das Pony und Frau Fitzpatrick ging an der Seite ihrer Tochter.

Am Tor des Kirchhofs stieg sie ab, und Mark, der ihr in einiger Entfernung gefolgt war, führte das Pony zum Pfarrhaus, bis der Gottesdienst zu Ende war.

Aveline ertrug die Müdigkeit bemerkenswert gut. Sie blieb geistesabwesend sitzen und wiederholte feierlich die Antworten mit den Leuten. Manchmal schien sie zu zittern, als wäre ihr etwas Schreckliches eingefallen. Doch bei der Glaubensbezeugung erhob sie sich plötzlich und blieb stehen, das Gesicht dem Altar zugewandt, und wiederholte die Worte dem Geistlichen mit deutlicher Stimme nach. Und es schien ihr ganz unfreiwillig zu geschehen, denn sie setzte sich mit der gleichen abwesenden Miene wieder hin und blieb während des Gottesdienstes scheinbar bewusstlos oder vergaß die Anwesenheit von irgendjemandem …

„Ich dachte, ich hätte es sehr gut überstanden", sagte Aveline, als sie nach Hause ging.

„Viel besser, meine Liebe, als ich erwartet hatte", sagte Mrs. Fitzpatrick.

„Beeilen Sie sich nicht, Herr Haveloc ; diese Straße ist so schön. Ich bin überhaupt nicht ungeduldig, nach Hause zu kommen", sagte Aveline.

Es war eine schmale, steile Gasse mit hohen Ufern, die teilweise aus breiten Felsvorsprüngen bestanden, in denen sich all ihre schönen Farben durch Farne und Schlingpflanzen sowie verkrüppelte Eichen- und Ahornbüsche abzeichneten.

Herr Haveloc führte das Pony so langsam, wie er wollte, und blieb von Zeit zu Zeit stehen, um wilde Blumen für Aveline zu sammeln. Plötzlich ging die Sonne herein; Die Luft wurde kühl – dann kam der Wind auf. Dunkle, zerklüftete Dampfmassen strömten über die Landschaft, schwebten und trieben über die Hügel; Mal teilten sie sich wie ein Vorhang, mal sammelten sie sich und bildeten eine dichte Masse, die fast die Umrisse des Landes verbarg.

„Es ist der Meeresnebel. Er kommt auf uns zu!" rief Frau Fitzpatrick. „Was machen wir mit Aveline?"

Sie sah wirklich verwirrt aus.

„Oh, meine liebe Mama, mach mir nichts aus", sagte Aveline; „Mrs. Grants Cottage liegt am Ende der Gasse; ich werde dort hineingehen, bis der Nebel vorüber ist."

„Dann lasst uns uns beeilen, Herr Haveloc ", sagte Frau Fitzpatrick und beschleunigte ihren Schritt; „Der Nebel breitet sich schnell aus. Er wird nass sein. Was wird aus uns?"

„Kannst du schneller gehen?" fragte Herr Haveloc , der das Pony so schnell er konnte trieb.

„Nein, mir schwirrt der Kopf", sagte Aveline. Sie konnte weder Aufregung noch Eile ertragen.

Mrs. Grant, die gerade über einen Weg über die Felder von der Kirche gekommen war, war völlig erstaunt, als sie die Gesellschaft zügig auf die Haustür zugehen sah. Sie trat ihnen durch das kleine Gartentor entgegen.

„Warum, Miss Aveline, meine liebe junge Dame, was führt Sie so weit weg von zu Hause?" Sie fragte.

Aveline war zu aufgeregt, um zu sprechen.

Pony abzusteigen , in Mr. Havelocs Arme und fiel in Ohnmacht.

Mrs. Grant hatte schreckliche Angst. Sie dachte zunächst, Aveline sei tot. Frau Fitzpatrick, wie immer, ruhig und schnell.

„Geh nicht weg“, waren ihre ersten Worte, als sie sich erholte und ihren Blick auf die Suche nach Mr. Haveloc richtete . „Sagen Sie es mir, wenn Sie ganz wiederhergestellt sind, damit ich das Vergnügen habe, Sie zu schelten“, sagte er und trat an ihren Stuhl heran. „Ich weiß nicht, was Sie damit zu tun haben, uns auf diese Weise zu erschrecken.“

„Ich sage Ihnen was, liebe Mrs. Grant“, sagte Aveline, „wir werden unser Abendessen holen, um es zu Ihrem hinzuzufügen, und wir werden alle zusammen speisen. Es wird so etwas wie ein Picknick sein . “

Frau Fitzpatrick stimmte zu. Aveline konnte sich derzeit nicht bewegen und durfte nicht auf ihr Abendessen warten.

Herr Haveloc bot an, nach Hause zu gehen und Frau Fitzpatrick die Befehle zu erteilen, die ihr gefielen.

„Und kommen Sie auf jeden Fall wieder und essen Sie mit uns“, sagte Aveline eifrig.

„Haben Sie ein wenig Erbarmen mit ihm, Aveline“, sagte Mrs. Fitzpatrick lächelnd; „Vielleicht mag er Picknicks nicht ganz so gern wie du.“

Aber Aveline bestand darauf; und Herr Haveloc versprach bereitwillig, dass er zum Essen zurückkommen würde.

„Ist das nicht schön, Herr Haveloc ?“ sagte Aveline , als sie alle um den kleinen Tisch in Mrs. Grants Küche saßen. Aveline sitzt im Sessel der alten Dame, gestützt auf Kissen.

Haveloc zu irgendeinem Zeitpunkt seines Lebens gesagt hätte , dass er mit einer alten Amme in einem Cottage speisen würde, hätte er gedacht, er könnte die Anschuldigung getrost zurückweisen; aber als er dort war, gewann er Mrs. Grants Herz durch seine Höflichkeit ihr gegenüber ganz; und seine Fürsorge für Aveline überwältigte sie so sehr , dass sie, obwohl sie nicht viel zu Übertreibungen neigte, vom ersten Moment an, als sie mit Mrs. Fitzpatrick allein war, offen zugab, dass sie ihn für einen Engel hielt.

Der Seenebel verzog sich und der Nachmittag war strahlend schön.

Mark führte das Pony nach Hause und bestellte eine Kutsche vom Gasthaus, um Aveline nach dem Tee nach Hause zu bringen.

Sie legte sich bis zur Teezeit auf das Bett der Krankenschwester; und erhob sich dann erfrischt und besser.

Die Krankenschwester blieb bei ihr, und auf ihren besonderen Wunsch hin gingen Herr Haveloc und ihre Mutter ein zweites Mal in die Kirche.

„Und, mein Liebling, was auch immer Sie tun, gehen Sie nicht wieder in die Kirche, bis Mr. Lindsay Ihnen die Erlaubnis gibt“, sagte Mrs. Grant, als sie Aveline in die Kutsche half.

„Ah, Frau Grant!“ sagte Aveline, „wenn ich nicht das Gefühl gehabt hätte, dass dies das letzte Mal sein würde, meinst du, ich hätte es so ernst meinen sollen zu gehen?“

KAPITEL X.

Ameise. Dich werde ich lieben und mit Dir mein Leben führen;
Du hast noch keinen Mann, und ich habe keine Frau. Gib mir deine Hand.
KOMÖDIE DER FEHLER.

Es gab vielleicht nichts auf Erden, für das Elizabeth Gage größere Verachtung empfunden hätte, als für eine unerwiderte Zuneigung; – kein Schicksal unter dem Himmel, von dem sie sich völliger ausgenommen gehalten hätte; und doch begann sie zu ihrer Bestürzung zu vermuten, dass sie ein zu großes Interesse an dem Gast ihres Vaters hegte. Tatsache war, dass sie dieses Interesse und diese Bewunderung schon so lange vor ihrer Begegnung gespürt hatte, dass es jetzt keine leichte Aufgabe war, diese Gefühle rückgängig zu machen. Sie kopierte lediglich strikt das Schweigen und die Zurückhaltung, die sein Verhalten auszeichneten ; redete nicht mehr, als die Höflichkeit erforderte; und gleichzeitig wünschte und fürchtete er die Beendigung seines Besuchs.

Er passte hervorragend zu Captain Gage, obwohl keine zwei Charaktere gegensätzlicher sein könnten. Er ähnelte weniger einem Seemann als vielmehr einem Höfling aus Elisabeths Regierungszeit. Sein Ernst, sein klassischer Geschmack, seine Studiengewohnheiten, seine Beherrschung der toten Sprachen, zusammen mit diesem Gesichtsausdruck, den man nur in der Zeit, zu der er gehört, selten sieht, schienen ihn zum Gefährten von Raleigh und Southampton zu machen. Aber er behielt immer noch eine klare Sprache und eine direkte Zielsetzung bei, die allgemein als bezeichnend für den Beruf gelten sollen, dem er angehörte.

Er hatte seine Gesundheit weitgehend wiedererlangt. Er tat es wie andere Menschen; er begleitete Elizabeth und ihren Vater auf ihren Ausritten und Spaziergängen; er kannte alle Mieter von Captain Gage; er war mit Elizabeth in den Armenhäusern gewesen; er trug ihr sogar den Korb, aber immer schweigend. Er hatte sie bei ihren großen Dinnerpartys am Kopfende des Tisches ihres Vaters beobachtet ; er war im Gegenzug mit ihnen ausgegangen; Er hatte die vier oder fünf jungen Herren beobachtet, die sich schüchtern um Miss Gages Gunst bemühten , und die beiden Männer mittleren Alters, die ihr abwechselnd einmal im Quartal ein Angebot machten.

An einem sonnigen Morgen im August kam Elizabeth in den Frühstücksraum, wo ihr Vater an der offenen Glastür stand, und nachdem sie ihn umarmt und vor der Urne Platz genommen hatte, sah sie Sir Philip in einiger Entfernung auf dem Rasen reden zu einem der Gärtner.

„Mein lieber Vater", sagte sie, „haben Sie die Güte, ihm zu sagen, dass das Frühstück fertig ist, denn ich bin keine Beatrice, die ich ihn an den Tisch rufen sollte."

Kapitän Gage lachte und gab seinem Freund ein Zeichen.

„Haben Sie einen großen Garten in Sherleigh ?" fragte er, als sie am Tisch saßen.

„Ich wage es nicht zu sagen", antwortete Sir Philip, „ich war seit Jahren nicht mehr dort, und die Leute kümmern sich selten viel um einen Garten, es sei denn, es gibt eine Dame, die sie beaufsichtigt."

„Bessy tut nie etwas mit meinen Blumen, außer sie zu pflücken", sagte Kapitän Gage.

"Was!" sagte Elizabeth lachend, „hast du herausgefunden, dass ich gestern die rote Passionsblume genommen habe?"

„Ja, ich habe es gesehen", sagte ihr Vater, „wirst du diese Briefe nach dem Frühstück für mich schreiben?"

Elizabeth schrieb immer die Geschäftsbriefe ihres Vaters. Sie setzte sich an einen Tisch und wählte Stifte und Papier aus.

„Papa! Ich muss mich über dich beschweren", sagte sie, „du nimmst für jeden meine besten Umschläge. Angenommen, ich wollte Einladungen verschicken, ich hätte nichts als grobes Papier übrig."

„Welche? Die Umschläge mit dem Wappen? Oh! Ich werde in Zukunft vorsichtig sein; Sie sind sehr geizig mit Ihrem besten Papier."

wegen der Wiesen und Brown wegen der Pacht schreiben . Sonst noch etwas?"

„Warum ich nicht weiß, was ich mit den Bienen tun soll; wenn Sie Harding eine Nachricht schicken könnten –"

„Mein lieber Vater, es ist unser Schicksal, niemals Bienen zu halten, aber wenn du Lust auf Bienenstöcke hast …"

„Du bist ein freches Mädchen; hast du Palmer geschrieben?"

„Ja, da ist es."

„Ausgezeichnet. Oh! Was will George mit seinem braunen Pferd tun?"

„Calypso? Er hat ihn hier gelassen, damit ich ihn im Sommer reiten kann."

„Du – reite Calypso – mein gutes Kind, du wirst dir das Genick brechen."

„Wenn du heute auf die Farm gehst, mein lieber Vater, werde ich dir beweisen, dass Calypso ohne eine solche Katastrophe geritten werden kann.“

„Sehen Sie“, sagte ihr Vater und nahm einen Brief von einem Diener entgegen, „hier sind Karten für Mrs. Hollingsworths Ball.“ Dies war eine vermögende Dame aus der Nachbarschaft , deren ältester Sohn ein sehr beharrlicher Bewunderer von Miss Gage war.

Sir Philip las die Zeitung im Fenster.

„Mein lieber Vater, ich werde nicht gehen“, sagte Elizabeth mit leiser, aber entschiedener Stimme.

„Warum, Bessy, wie ist das?“ sagte ihr Vater und sah sehr amüsiert aus, „Mrs. Hollingsworths Eier sind ausgezeichnet, und Charles Hollingsworth ist Ihr Partner.“

„Mein lieber Vater, ich werde mich nicht dem Ärger aussetzen, in seiner Gesellschaft zu sein“, sagte Elizabeth im gleichen leisen Tonfall, „ich fühle mich durch diese Person sehr gekränkt.“

„Mein Lieber, er würde dir morgen ein Angebot machen, wenn du ihm Hoffnung geben würdest.“

„Aber sehen Sie nicht“, sagte Elizabeth, „dass er es mir schuldig ist, mir die Macht zu geben, seinen Aufmerksamkeiten ein Ende zu setzen, wenn sie mir unangenehm sind? Es liegt etwas von Feigheit darin, jemanden ohne Unterlass zu unterwerfen . zu Höflichkeiten, die ins Nichts enden müssen, die aber in der Zwischenzeit viel Gerede hervorrufen und die eine Frau nur durch eine Weigerung aufhalten kann. „Ich halte mich für sehr ungerecht“, sagte sie halb lachend behandelt von Herrn Hollingsworth.

„Und Mrs. Hollingsworth liegt das Spiel so sehr am Herzen“, sagte Kapitän Gage und nahm den Zettel in die Hand, der den Karten beilag; „Hier siehst du, dass sie uns bittet, in ihrem Haus zu essen und uns umzuziehen. Bietet Betten an: aber du bist aus Feuerstein.“

„Sie bietet nicht an, Mr. Charles aus dem Weg zu schicken“, sagte Elizabeth, „gehen Sie nicht, mein lieber Vater, um meinetwillen.“

„Und hier ist eine Karte für Sir Philip“, fuhr Kapitän Gage fort, „was sagen Sie, d'Eyncourt , haben Sie Lust, zu diesem Ball zu gehen?“

„Wenn Miss Gage vorgehabt hätte zu gehen“, sagte Sir Philip und blickte mit gewohnter Ernsthaftigkeit von der Zeitung auf, „hätte ich sie gerne tanzen sehen; aber da sie ablehnt, bin ich gezwungen, mich in Ihre Ablehnung einzubeziehen ."

„Niemand hat mich seit Menschengedenken tanzen sehen, Sir Philip“, sagte Elizabeth lächelnd, „aus Gründen der Form laufe ich immer durch eine Quadrille.“

„Na dann, Bessy, schreiben Sie eine zivilrechtliche Ablehnung voller Bedauern“, sagte Kapitän Gage und legte ihr den Zettel hin. „Ich muss mit Meadows über die Kutschpferde sprechen.“

Sie nahm einen Stift. Sir Philip rückte seinen Stuhl näher an ihren heran.

„Wie soll man ablehnen?“ er hat gefragt.

Elizabeth hielt ihn für ziemlich neugierig, aber da er teilweise an der Sache interessiert war, antwortete sie sofort:

„Ich werde ihr glücklicherweise sagen können, dass wir in der übernächsten Woche ein paar Freunde erwarten, die bei uns bleiben.“

„Und wenn sie die Freunde einladen sollte?“

„Nein, das wäre sehr bösartig“, sagte Elizabeth lachend. „Aber nehmen wir einen solchen Fall an“, sagte Sir Philip.

„Trotzdem ist mir das Glück wohlgesonnen “, sagte Elizabeth, „denn die Freunde, die wir erwarten, sind ein älteres Ehepaar, das sicherlich nicht auf einen Ball gehen würde.“

„Wenn die Dame großes Interesse an Ihrem Kommen hat, würde sie Sie meiner Meinung nach kaum so leicht aufgeben“, bemerkte Sir Philip.

„Ah! Sir Philip“, sagte Elizabeth und drehte sich lächelnd und errötend zu ihm um, „Sie haben zufällig gehört, worüber mein Vater und ich gesprochen haben. Glücklicherweise gibt es niemanden, den ich so wenig bereuen würde, wenn er uns belauscht hätte.“

„Und warum?“

„Denn erstens handelt es sich um ein Thema, das Sie nicht ausreichend interessiert, um im Gedächtnis zu verweilen; und zweitens bin ich zuversichtlich, dass alles in dieser Art bei Ihnen genauso sicher wäre wie bei uns selbst.“

„Miss Gage“, sagte Sir Philip und sah sie ernst an, „ich bin viele Jahre älter als Sie.“

„Das musst du sein“, sagte Elizabeth, „denn ich erinnere mich, dass du aufgewachsen bist, als ich ein Kind war; doch jetzt siehst du, wie wenig Unterschied es jetzt gibt. Du hast auf den Ball angespielt, nicht wahr? Du hast deinen Geschmack dafür überlebt.“ Tanzen, und ich fühlte mich immer zu alt dafür.

„Erlauben Sie mir", sagte Sir Philip und musterte sie noch ernster, „zu fragen, ob Sie nicht bereit sind."

„Perfekt, sobald ich diesen Brief versiegelt habe", sagte Elizabeth und zündete die Kerze an. „Denken Sie daran, heute Morgen nach S... zu gehen? Sie können die Kathedrale sehen, aber zum Gottesdienst kommen Sie zu spät; Sie sollten ihn besser auf morgen verschieben."

Doch während sie sprach, wandte sie den Kopf ab, um seinem ernsten Blick zu entgehen, ein Tropfen Wachs fiel auf ihren Finger.

"Dort!" sagte Sir Philip, nahm ihre Hand und untersuchte sie aufmerksam, „ Sie haben sich den Finger verbrannt. Wie sehr nachlässig; Sie haben nicht darauf geachtet, was Sie taten."

„Stimmt", sagte Elizabeth und lächelte über die unverblümte Art, mit der er sein Interesse zeigte; „Es ist ein Trick, den ich habe, mir die Finger zu verbrennen, wenn ich Briefe versiegele; und heute ist Freitag, das muss ich sagen, Papa. Er ist sehr abergläubisch, was Freitage angeht."

„Sagen Sie ihm auch, dass ich Sie aufrichtig liebe", sagte Sir Philip, „dass ich diese Hand von ihm verlange; dass ich nicht weiß, wie ich mich Ihnen empfehlen soll, und dass er daher mein Freund sein muss."

„Sie, Sir Philip, ich kann Ihnen mein Erstaunen nicht in Worte fassen."

„Ich frage mich, wer drei Wochen lang mit Ihnen in einem Haus bleiben könnte", sagte Sir Philip mit unverblümter Bewunderung in seinem Blick und seiner Stimme, „ohne in die gleiche Situation zu geraten. Sie sind nicht böse."

„Nein, Sir Philip", antwortete sie.

„Sie sind alle aufrichtig , ich weiß, dass Sie sofort die Wahrheit sagen würden. Ich bin glücklicher, als ich zu hoffen wagte", sagte ihre Begleiterin.

Elizabeth lächelte und blickte nach unten.

„Nun", sagte Sir Philip und ergriff beide Hände, „würden Sie die Güte haben, einen Tag für unsere Hochzeit festzulegen? Sie sehen, ich bin aus gesundheitlichen Gründen ins Ausland geschickt worden, und natürlich möchte ich Sie mitnehmen."

„Wirklich, Sir Philip", sagte Elizabeth, „Sie sind zu voreilig; bedenken Sie, wie kurz wir uns kennen."

„Ich kenne Kapitän Gage schon lange", sagte Sir Philip, „ich war sein Oberleutnant, als er auf der Westindien-Station war; das ist dasselbe. Wie oft habe ich mir gesagt: ‚Ich werde Gage heiraten.' Tochter; wenn sie mich nicht haben will, kann ich leicht ledig bleiben.'"

Elizabeth begann. Wie oft hatte sie, als sie ihre Liebhaber ablehnte, ihrerseits gesagt: „Solange ich nicht jemanden wie Sir Philip d'Eyncourt treffe , werde ich niemals heiraten."

„Und doch hast du dich an diesem Abend nicht an mich erinnert", sagte sie.

„Ich habe mich schlecht ausgedrückt", antwortete er, „ich wollte damit sagen, dass ich keine Ähnlichkeit zwischen dem, was du warst, und dem, was ich dich jetzt finde, feststellen konnte. Du warst ein sehr nettes kleines Mädchen: Du bist eine wunderschöne Frau."

„Und du hast gelernt zu schmeicheln", sagte Elizabeth errötend.

„Nein, es ist nur meine Meinung, jetzt werde ich deinen Vater finden. Es scheint ziemlich seltsam, Gage zu bitten, mich als Schwiegersohn zu akzeptieren. Er ist kein Dutzend Jahre älter als ich."

d'Eyncourt die Hand seiner Tochter zu reichen ; und einige Tage später begleitete Margaret, die als eine der Brautjungfern gedient hatte, ihren Onkel ans Meer; denn er hatte endlich zugestimmt, auf seinen Arzt zu hören und seine Krankheit für wichtig zu halten.

KAPITEL XI.

Und jetzt sieht man, wie Hoffnung und Freude verblassen,
wie Sterne, die trübe dahingleiten, bis sie sich mit Schatten vermischen;
jetzt, da deine Wange den Kummer des Kummers zeigt, als sie sich so
durch Krankheit verändert hat, ah! geliebter.
ELTON.

„Aveline, meine Liebe, es ist unmöglich, dass Sie heute auf dem Pony reiten
können. Bitte geben Sie den Gedanken auf. Sind Sie nicht meiner Meinung,
Herr Haveloc ?"

Herr Haveloc wurde immer angesprochen, denn Aveline war gereizt; eine
Phase ihrer Beschwerde, auf die ihr freundliches Temperament und ihre
gewohnte Selbstbeherrschung keinen Einfluss hatten.

„Nein, Sie können heute nicht reiten", sagte Herr Haveloc und näherte sich
dem Sessel, in dem sie saß, gestützt mit Kissen; „Sie haben uns gestern zu
sehr erschreckt. Sie sind kaum aus Ihrer Ohnmacht herausgekommen und
möchten noch eine herbeirufen. Denken Sie an unsere Nerven!"

Aveline sah zu ihm auf und lächelte, selbst ihre Mutter hatte nicht die
Kontrolle über sie wie er.

„Aber sehen Sie", sagte sie, „was für ein schönes Wetter; es ist schwer, den
ganzen Tag im Haus zu bleiben. Du weißt, ich kann nicht gehen. Was soll
ich tun?"

„Soll ich dich rudern", sagte er, „du kannst so viele Kissen haben, wie du
willst; und du kannst so ruhig liegen, wie du es auf dem Sofa tun würdest."

„Nein", sagte Aveline, „ich fürchte, mein Kopf würde die Bewegung des
Bootes nicht ertragen."

„Und doch haben Sie ans Reiten gedacht", sagte Herr Haveloc mit einem
Lächeln.

Das war eine unvorsichtige Bemerkung, kranke Menschen müssen behandelt
werden.

„Reiten ist ganz anders!" sagte Aveline wütend ; „Du weißt nicht, wie man
unterscheidet!"

Zum Glück ließ sie trotz all seiner Ungeduld sein Temperament nie
aufkommen. Er hatte zu großes Mitleid mit ihr; und ohne die geringste
Zuneigung zu ihr im gewöhnlichen Sinne des Wortes zu empfinden, hatte er
sie sehr liebgewonnen; Er war überzeugt von dem Vertrauen, das sie in jeder
Hinsicht in ihn gesetzt hatte .

Er begegnete Mrs. Fitzpatricks Augen, die sich dankbar auf ihn richteten, und lächelte.

„Nein, ich weiß nichts darüber", sagte er und beugte sich über Avelines Stuhl, „ich habe keine Erfahrung mit Krankheiten. Ich kann deine Stärke nicht messen."

„Dann", sagte Aveline mit einem leichten Mangel an Konsequenz, „was sollten Sie mir dann raten?"

„Lass uns dich in diesem Stuhl durch das Gras rollen; dort kannst du die Meeresbrise genießen und bist im Schatten."

Aveline stimmte dem zu und ließ sich bald unter den Bäumen nieder, mit einem kleinen Tisch an ihrer Seite, auf dem ein Glas Wasser, ein Teller mit Treibhaustrauben und eine prächtige Blumentraube standen.

Mrs. Fitzpatrick mit ihrer Arbeit auf einer Seite des Stuhls, Mr. Haveloc im Gras mit einem Buch.

„Was lesen Sie, Herr Haveloc , das Sie zum Lächeln bringt?"

„Boiardo, da ist etwas so Trockenes in seiner Art."

„Lesen Sie sich nicht vor, das macht mich nervös", sagte Aveline.

Herr Haveloc klappte sein Buch zu und begann, Kieselsteine auf den Strand unter ihnen zu werfen.

„Haben Sie viel von dieser rosa Clematis, Mr. Haveloc ", fragte Aveline und begutachtete ihren Blumenstrauß.

„Es gibt eine Pflanze davon."

„Hast du sie in einer anderen Farbe ?"

„Ja, in Weiß. Aber ich habe dir das Rosa mitgebracht, weil es die größte Neuheit ist."

„Bring mir morgen beide Sorten."

"Ich werde."

„Und einige der Heiden, von denen du gesprochen hast."

„Ja, du wirst morgen einen prächtigen Blumenstrauß haben."

„Ihre Gärten werden ziemlich verwüstet sein, Herr Haveloc ", sagte Frau Fitzpatrick.

„Das wird keine Konsequenzen haben", sagte er.

„Ich wünschte, Herr Haveloc ", sagte Aveline, „dass Sie mir ein Rebhuhn schießen würden, ich möchte es zum Abendessen."

Es war der erste September. Wenn sie ihn nun gebeten hätte, ihr einen Steinadler zu erschießen, wäre es genauso in seiner Macht gewesen. Er war zu kurzsichtig, um zu schießen; und außerdem hatte er in diesem Jahr keine Dreherlaubnis beantragt . Er wandte sich hilfesuchend an Mrs. Fitzpatrick.

„Weißt du, meine Liebe", sagte ihre Mutter, „es konnte heute nicht rechtzeitig für dein Abendessen sein."

„Ja, ich würde darauf warten", sagte Aveline. „Die Wahrheit ist", sagte Herr Haveloc , „ich bin kein Schütze, mein Sehvermögen ist so schlecht, dass ich auf diesem Spaziergang kein Rebhuhn erkennen konnte."

„Du sagst das nur, um mich zu necken ;" sagte Aveline, „man kann Mama immer sehen, wenn sie aus der Allee kommt."

„Aber dann ist deine Mama etwas Größeres als ein Rebhuhn", sagte Herr Haveloc .

„Dann muss ich wohl darauf verzichten", sagte Aveline.

„Nein, denn ich werde in die nächste Stadt gehen und dir eins bringen."

„Und was soll ich die ganze Zeit ohne dich tun?" fragte Aveline ungeduldig.

In diesem Moment erschien Mr. Lindsay am Fenster des Wohnzimmers und schloss sich der Gesellschaft auf dem Rasen an.

„Worüber schwatzt ihr alle?", fragte er.

„Aveline hat Lust auf ein Rebhuhn, Mr. Lindsay", sagte Mrs. Fitzpatrick; „Wie soll ich eins bekommen?"

„Ich habe eins mitgebracht", sagte Mr. Lindsay, „ich habe es bei Ihrem Koch gelassen."

„Ich bin froh, dass Sie sich nicht auf mich verlassen haben", sagte Herr Haveloc , „ich hätte den ganzen Tag über die Rübenfelder stolpern und Ihnen nichts bringen sollen."

„Nun, finden Sie es nicht sehr warm", sagte Herr Lindsay, „wunderschöne Trauben, die Sie haben! Wo kommen sie her?"

„Probieren Sie sie, Doktor", sagte Aveline, „Mr. Haveloc hat sie mitgebracht."

Der Arzt sah Herrn Haveloc an , schüttelte leicht den Kopf und probierte die Weintrauben. Er glaubte ihm unter der Illusion einer Bindung an Aveline; denn Menschen mittleren Alters neigen dazu, die Zuneigungen als Illusionen zu betrachten. Aber er hatte Mitleid mit ihm, wie er es mit jedem getan hätte, der unter einer nervösen Beschwerde litt, denn er wusste, dass nervöse Beschwerden, solange sie andauern, so eindeutig sind wie der Verlust eines Gliedes.

Aber bald verschwanden diese Reizanfälle ganz; sie wurde ruhig, dankbar, zärtlich; Ihre Kräfte ließen nach.

Herr Haveloc kam morgens, um abends wieder abzureisen. Seine Aufmerksamkeit war unermüdlich; und Aveline schien nur in seiner Gegenwart zu leben. Auf sein Kommen warten; in seinen Fußstapfen zum Leben erwachen; stundenlang auszuruhen und zufrieden damit zu sein, ihn anzusehen; mit ihm über religiöse Themen zu sprechen, in denen er zum Lernenden und sie unbewusst zur Lehrerin wurde. Diese Privilegien, so wie sie sie betrachtete, beruhigten ihre späteren Stunden und milderten ihre Pilgerreise zum Grab. Für sie war es nicht das „Tal des Schattens". Sie besaß den heiligen Halt, den heilenden Trost einer tiefen religiösen Überzeugung, den sie bis zu dieser Stunde zu suchen und zu genießen nicht aufgeschoben hatte; und ihre Krankheit hatte ihr das erkauft, was sie in den Tagen ihrer Schönheit und Gesundheit niemals hätte erreichen können – die Gesellschaft der Person, die sie liebte. Und immer bis zum Äußersten widmete er sich ihrem Wohlergehen mit einem Eifer, der Mrs. Fitzpatrick in Erstaunen versetzte. Er schien intuitiv zu wissen, wie er ihre Blumen arrangieren musste – wie er ihre Kissen bewegen, wie er sie unterhalten konnte, wenn sie ruhig war, und wie er schweigt, wenn sie müde war. Er wusste, wie er ihre Aufmerksamkeit von ihrer Mutter ablenken konnte, wenn Mrs. Fitzpatrick in den seltenen Fällen einen Ausbruch von Kummer auslöste. Er war ihr Vertrauter bei den unbedeutenden Vorbereitungen für die Zukunft, mit denen sie die Gefühle ihrer Mutter nicht stören wollte.

Und in ihrem gedämpften und ernsten Gemütszustand nahm ihre Bindung an ihn die stille Farbe ihrer anderen Gedanken an. Sie wusste, dass sie mit dem Leben fertig war; und ihre Zuneigung zu ihm war so groß, dass sie sie über das Grab hinaus tragen konnte.

Und so von der Krankheit überwältigt und dennoch von den strahlendsten Hoffnungen getragen, wartete sie ruhig auf den Moment, in dem ihr Engel sie von der Erde rufen würde.

KAPITEL XII.

Soph. Ihr Mächte, die ihr die Wache
der Unschuld in eure Obhut nehmt, helft mir! Denn ich bin ein Geschöpf,
das der Verzweiflung so verfallen ist, dass die Hoffnung sich kein Lösegeld
vorstellen kann, um mich zu erlösen ... ... Wäre es nicht so gewesen,
dass er mich verlassen hat
Und unter einem vorgetäuschten Vorwand –
DAS BILD.

Es wäre ein zu abenteuerlicher Vorfall, ihn vorzustellen, wenn diese
Geschichte eine Erfindung und nicht eine Tatsachengeschichte wäre, dass
Mr. Gray von seinem Arzt an einen Teil der Küste geschickt wurde, der ganz
in der Nähe von Mrs. Fitzpatricks Cottage liegt . Keine Meile unwegsamen
Hügellandes trennte ihre Behausungen voneinander. Diese Wahl eines *Ortes*
war sehr leicht zu erklären. Herr Warde kannte Herrn Fletcher, den
Geistlichen der Gemeinde, und bat ihn schriftlich, ein Haus für seinen
Freund auszuwählen. Herr Fletcher tat sein Bestes, aber in diesem Bezirk gab
es nicht viele Häuser. Es war ein hübsches Häuschen, das aber eigentlich
keinen anderen Namen verdiente. Mr. Gray gefiel es überhaupt nicht; er
vermisste den Luxus seines eigenen Hauses. Die Fensterflügel ließen sich
nicht schließen, die Schornsteine qualmten. Für Margaret gab es kein Klavier,
und Lands Zimmer war so klein, dass es seinem Herrn täglich Unruhe
bereitete. Er ärgerte sich mehr über andere als über sich selbst. Als Margaret
jeden Morgen ans Meer ging und geduldig mit ihrem Buch und ihrer Arbeit
am Sessel ihres Onkels saß, hätte sie kaum gedacht, dass die Person, die sie
am meisten beschäftigte, so nahe beieinander war und dasselbe tat eine Art
Verfolgungsjagd, bei der es darum geht, über die sich verschlechternde
Gesundheit eines Freundes zu wachen.

Aber ihr Onkel wurde schwächer und unruhiger; er beschloss, nach Ashdale
zurückzukehren ; und nachdem er den Tag einmal festgelegt hatte, schien er
sich innerlich wohler zu fühlen.

„Gefällt dir die Idee, mein Kind?" sagte er zu Margaret: „Wirst du nicht froh
sein, nach Ashdale zurückzukehren ?"

„Sehr froh, Sir", erwiderte Margaret.

„Es muss wirklich langweilig für Sie sein", sagte Mr. Gray mitleidig, „keine
einzige Menschenseele hier, die wir kennen. Wir könnten den Geistlichen
zwar kennen, aber er bekommt genau zur gleichen Zeit Urlaub." zur falschen
Zeit, und der Mann, der seine Pflicht für ihn erfüllt, wohnt nicht an diesem
Ort. Kein Laden ist zu sehen, und nichts, was das Kind lesen könnte, außer
der Zeitung; und das ist ihr egal, armes kleines Ding."

„Oh, Onkel! Wenn es dir gut ginge, würde ich es nicht langweilig finden“, sagte Margaret, „ich würde das Meer und die schönen Felsen über allem genießen. Aber wenn etwas los ist, fühlt man sich zu Hause immer sicherer.“

Mr. Gray lächelte und sagte beim Weggehen etwas über den Wunsch, Casement wiederzusehen , einem Wunsch, den Margaret nicht teilen konnte.

Da es seine Gewohnheit war, sich nachmittags in seinem eigenen Zimmer auszuruhen, ging Margaret mit ihrer Arbeit auf die Veranda, saß dort, genoss die Meeresbrise und beobachtete die malerische Straße, die sich unter dem Cottage am Ufer entlang schlängelte. Sie hatte herausgefunden, dass das Beste, was sie tun konnte, darin bestand, zu arbeiten, wenn der Geist ängstlich und verzweifelt war. Ihre Gedanken ließen sich nicht zum Lernen zwingen und ihre Nadel verging die Zeit etwas ruhiger und schneller als wenn sie nichts tat. Und nun konnte man einen Arbeiter sehen, der einen von einem Ochsengespann gezogenen Karren den holprigen Weg entlangfuhr; und dann ein paar Kinder, die zwischen sich einen Korb trugen, den sie ins Nachbardorf füllen sollten ; und wenn es nicht so wenige Passagiere gäbe, wäre die Straße den ganzen Tag über ruhig. Während sie dasaß und über das eine Thema nachdachte, das sie beschäftigte, als sie es für einen Moment von der Krankheit ihres Onkels ablenken konnte; Als sie über alles nachdachte, was Mr. Haveloc jemals in Ashdale gesagt und getan hatte , sah sie auf dem Weg eine Gestalt heraufkommen, die sie erschrecken und erröten ließ , es war – da war sie sich sicher – Hubert Gage.

Er ging sehr schnell, öffnete selbst das Bauerntor und eilte auf sie zu.

Ihr erster Gedanke war Angst um Elizabeth.

„Bessy geht es hoffentlich gut?“ sagte sie eifrig.

„Ganz gut. Endlich sehe ich dich wieder! Wie schwer hast du mir das gemacht! Wie unmöglich war es in Ashdale, auch nur für einen Moment von dir zu sprechen!“

„Sind Sie schon lange aus Irland zurückgekehrt?“ sagte Margaret und fühlte sich durch den Ton ihrer Begleiterin sehr verlegen.

„Lange? In diesem Moment! Sobald ich erfuhr, wo du warst, bin ich dir gefolgt.“

„Und Bessy geht es wirklich gut?“

„Bessy? Ja“, sagte er ungeduldig. „Lass mich über dich selbst sprechen. Margaret, du hast mir großes Unrecht getan und mir nicht die Mittel gegeben, mich zu verteidigen. Du hast mich für unfähig gehalten, dich so zu lieben, wie du es verdient hast.“

Margaret hob ihre Hand, als wollte sie ihn aufhalten, er ergriff sie und drückte sie an seine Lippen.

„Ich sage Ihnen was, Mr. Hubert Gage, das geht nicht“, sagte Margaret ernst und erlangte ihre Hand wieder in Besitz; „In Ihrem Verhalten mangelt es sehr an Rücksicht. Ich bin sicher, dass Sie sehr wenig Rücksicht darauf nehmen, wie ruhig ich hierhergekommen bin. Mein Onkel ist sehr krank und meine ganze Zeit und Gedanken sind damit beschäftigt, mich um ihn zu kümmern. Ich habe keine Zeit.“ , und ich muss sagen, dass ich für diese Szenen keine Geduld habe.

Land kam in diesem Moment herunter und überbrachte Mr. Grey seine Komplimente. „Als er hörte, dass Mr. Hubert unten war, hoffte er, dass er zum Abendessen anhalten würde.“

Er nahm die Einladung an, wandte sich dann an Margaret, als Land verschwand, und sagte: „Ich werde zurückziehen. Ich werde sofort zurückgehen, wenn du mir ein Versprechen gibst – ich habe das Recht, es einzufordern; ein Recht auf alles, was du mir gegeben hast.“ leide. Gib mir die Mittel, dich zu sehen. Ich hatte kein faires Spiel – du hast mir nicht erlaubt, dich anzusprechen – um dein Vertrauen, deine Liebe zu gewinnen. Grausam! Deine Weigerung so absolut zu machen; mir keine Hoffnung zu lassen ; aber ich werde nicht so abgestoßen sein: Du weißt noch nichts von mir. Warum verleugnest du mich –“

„Herr Hubert, Sie werden nicht auf mich hören“, sagte Margaret, bestrebt, den Dialog zu einem Abschluss zu bringen.

„Du bist so bezaubernd! Du siehst tausendfach schöner aus als damals, als ich dich das letzte Mal gesehen habe. Aber was ist mit deiner Schönheit? Nichts von dieser engelhaften Gesinnung, die alles, was du tust, beseelt. Du hast mich für so unbedeutend gehalten, dass ich dein Herz nicht verstehen konnte.“ . Margaret, das war es, was mich dazu brachte, dich zu suchen.“

„Es tut mir sehr leid, dass ich dir bisher Unrecht getan habe“, sagte Margaret. „Ich glaube nicht, dass es in deiner Natur liegt, dir viel Sorgen zu machen – viel zu lieben – ich meine, es mit irgendetwas sehr ernst zu nehmen. Wenn tatsächlich“, sagte sie und bemerkte den verzweifelten Ausdruck seines Gesichts, „dein Glück gestört ist, Es tut mir noch mehr leid, aber ich kann nichts tun. Ich kann Ihnen nicht fälschlicherweise sagen, dass ich mich jemals ändern werde.

„Das wirst du nicht! Schau, was du tust! Du hast mein ganzes Leben elend gemacht – noch schlimmer, nutzlos. Ich kann mich mit nichts zufrieden geben. Ich kann das Land, in dem du bist, nicht verlassen. Aber ich werde nicht verzweifeln. Du wirst mehr davon sehen.“ mich – du sollst mich noch lieben.“

„Es gibt eine Sache“, sagte Margaret mit einem Hauch von Triumph: „Wir verlassen diesen Ort am Donnerstag.“

„Umso besser“, sagte Hubert, „denn ich werde in Chirke Weston ganz in Ihrer Nähe sein.“

Margaret sah verärgert und unentschlossen aus. Sie dachte, es gäbe nur einen Weg, seiner Beharrlichkeit Einhalt zu gebieten; und wenn auch mit großem Widerwillen, beschloss sie, es zu übernehmen.

„Sie zwingen mich, sehr offen zu Ihnen zu sein, Herr Hubert“, sagte sie; „Aber ich sehe keine andere Möglichkeit, Sie davon zu überzeugen, dass wir nur Freunde miteinander sein können. Ich bin mit einer anderen Person verlobt.“

„Verlobt! Wie ist das möglich? Wie kann ich das glauben? Sie sind so jung – und leben so zurückgezogen. Darf ich fragen, ob Mr. Gray von dieser Verlobung weiß?“

„Das ist er“, sagte Margaret.

„Warum ist es dann Claude Haveloc !“ sagte Hubert und lehnte sich an die Seite der Veranda.

Margaret schwieg. Er blieb stehen, offenbar sehr verstört.

Haveloc verlobt ?“ sagte er und warf sich neben ihr auf den Sitz.

Ihre Farbe nahm zu; aber sie machte eine Geste der Zustimmung. Er blieb einige Augenblicke offenbar unentschlossen, was er sagen oder tun sollte; und dann blickte sie plötzlich auf und nahm ihre Hand.

„Vergiss mich, wenn du willst“, sagte er; „Aber denk nie wieder an ihn.“

„Herr Hubert!“ sagte Margaret und errötete vor Wut.

„Er ist Ihrer ganz und gar unwürdig; es ist das Gerede des Dorfes hinter Ihnen; er richtet seine Ansprachen an eine junge Dame, die an einer Schwindsucht stirbt. Aber seine Aufmerksamkeit war seit Wochen zu ausgeprägt, um einen Zweifel zuzulassen. Er wird von allen bemitleidet und gelobt . Er ist täglich und den ganzen Tag im Haus.“

„ Nun , das lässt sich erklären. Ich werde ihn fragen“, sagte Margaret und versuchte ruhig zu sprechen.

„Sie können es besser machen, als ihn zu fragen. Sie können es selbst sehen und beurteilen. Gehen Sie jederzeit am Haus vorbei und finden Sie ihn, wie ich ihn gesehen habe, zu Füßen Ihres Rivalen.“

Für einen Moment schoss Margaret ein Gedanke durch den Kopf : Sie würde sich für diese Versäumnis rächen – sie würde die Hand von Hubert Gage annehmen. Aber sie spürte sofort, wie unwürdig eine solche Idee war, und blieb zitternd und schweigend stehen und blickte zu Boden.

„Wo ist dieses Haus?" sagte sie nach einer kurzen Pause.

„Ich kann es dir besser zeigen, als ich es beschreiben könnte", antwortete er. „Auf der Suche nach dir bin ich auf diese Geschichte gestoßen."

„Ich bin Ihnen zu großem Dank verpflichtet", sagte sie mit einem seltsamen Lächeln.

Ihre normalerweise so sanfte Art schien sich plötzlich zu ändern. In ihrer Stimme lag etwas Kaltes und Bitteres.

"Und was wirst du tun?" er hat gefragt.

„Nach dem Abendessen, wenn mein Onkel schläft, gehe ich hinaus", sagte Margaret; „Du kannst mir dann dieses Haus zeigen."

Ihre scheinbare Ruhe täuschte ihn völlig; er dachte, dass sie nicht viel litt. Wenn sie erst einmal davon überzeugt war, dass ihr Geliebter ihr Unrecht getan hatte, könnte sie erneut umworben und gewonnen werden.

„Ich gehe jetzt zu meinem Onkel", sagte sie. „Wir sehen uns beim Abendessen." und sie nahm ihren Arbeitskorb und verließ ihn.

Hubert sah sie erst wieder, als das Abendessen angekündigt wurde; Sie stand dann am Stuhl ihres Onkels und schien seine Anwesenheit nicht zu bemerken. Mr. Gray empfing ihn sehr freundlich; er fand Huberts Besuch so liebenswürdig, so gut gemeint. Es zeigte, dass es ihm nicht übel nahm, was geschehen war.

Er stellte eine Reihe von Fragen zu Captain Gage und den d'Eyncourts , zu seinen eigenen Plänen und Vorgehensweisen; und über ihre Nachbarn in Ashdale . Hubert, den Blick auf Margaret gerichtet, antwortete verärgert.

Margaret schwieg vollkommen. Sie bediente das vor ihr liegende Geschirr mit der mechanischen Genauigkeit eines Traummenschen. Sie aß selbst nichts und schien kaum zu bemerken, dass jemand am Tisch war. Sobald das Tuch entfernt wurde, stand sie auf. Hubert, der vergeblich auf ein Wort oder ein Zeichen gewartet hatte, das ihm verraten könnte, dass sie an ihrer morgendlichen Absicht festhielt, folgte ihr bis zur Tür.

Sie drehte sich um, als sie den Raum verließ, und stieß mit einem kaum hörbaren Flüstern das Wort „Warten" aus. Mr. Gray entschuldigte sich bald darauf dafür, dass er seinen Gast verlassen hatte; er musste vorzeitig in den Ruhestand gehen. Margaret würde im Wohnzimmer sein; er hoffte, dass Hubert bleiben und Tee trinken würde.

Hubert verabschiedete sich von Mr. Grey und wartete, bis die Dämmerung kam und das breite Mondlicht folgte, und Margaret erschien immer noch nicht. Als er schließlich daran dachte, ins Haus zu gehen, um sie zu suchen, denn er schlenderte im kleinen Garten auf und ab, sah er sie in der Tür stehen, in einen großen Schal gehüllt.

„Bin ich zu spät?" sagte sie, als er auf sie zukam.

"Sind Sie bereit?" er kam zurück.

„Ich", sagte sie zitternd und eilte in den Garten, „mein Onkel schläft . Der Himmel weiß, ob ich jemals wieder schlafen werde! Es wurden Schätze bezahlt für Wissen, das eine Welt des Friedens hätte kaufen können, zweimal erzählt. Wissen Sie? dass irgendein Wissen den Tod mit sich bringt. Führe mich weiter, wenn du dich traust.

Ihre Augen blitzten trotz der Dämmerung; Sie richtete sich auf und nahm eine trotzige Miene an, die er angesichts ihrer sanften und exquisiten Schönheit nicht für möglich gehalten hätte. Er musste noch lernen, wie man ein sanftes Wesen weckt.

Hubert blieb unter den Büschen im kleinen Garten stehen.

"Wählen;" Er sagte: „Ich sage nicht, dass Wissen kein Schmerz ist; und Unwissenheit, die gröbste Unwissenheit, Zufriedenheit. Du musst jetzt nicht lernen, dass ich dich liebe. Du kannst meiner Anschuldigung so viel Glauben schenken, wie du willst."

„Ich kann nicht an dir zweifeln", sagte Margaret, „lass uns eilen; ich werde nie gehen, wenn ich nicht bald gehe. Ich bin krank – krank."

Sie gingen den schattigen Weg entlang, wo das Mondlicht ein schönes Gitterwerk aus Zweigen und Blättern auf den felsigen Pfad zeichnete; und bei jedem Schritt, als die Straße unebener wurde und Hubert sie über die schroffen Steine stützte, rief sie ihm zu, er solle sich beeilen. Sie bewegte sich wie jemand, der im Schlaf umhergeht, immer noch um Schnelligkeit kämpfend und immer unfähiger, sich zu rühren, je dringlicher ihr Wunsch, sich zu bewegen, wurde. Hubert hätte sie fast die letzten paar Schritte des Weges getragen; und da stand das Häuschen am Hang des Hügels, wo er sanft zum Meeresufer abfiel. Die Wellen kräuselten sich und sanken auf den Strand zu einer leisen, süßen Musik, die fast voller Worte schien, so klar und gemessen war der Klang in dieser stillen Nacht.

Margaret hielt inne, um Luft zu holen, und hing schwer an seinem Arm. Dann kam ihr der Gedanke: Was würde er denken, wenn Mr. Haveloc unschuldig wäre und zufällig dorthin käme und sie allein mit Hubert Gage spazieren gehen würde?

„Oh, Himmel!" Sie sagte und faltete schmerzerfüllt die Hände : „Vergiss, dass du mich liebst – sprich mit mir wie mit einer Schwester. Stimmt das?"

„Ich habe Sie nie dazu gedrängt, mir zu glauben", antwortete ihre Begleiterin.

„Oh, wahr, wahr!" sagte Margaret und eilte weiter.

Sie hatte kaum drei Schritte gemacht, als sie wieder stehen blieb.

„Ich bin ein Feigling", sagte sie, „seine Handlungen auszuspionieren und nach diesen elenden Mitteln zu suchen, um seine Beschäftigungen zu erlernen. Er vertraut mir voll und ganz. Ich werde ihn fragen, was er dort so oft macht und ob – ob er liebt." Es ist ihr besser, ihn gehen zu lassen. Ich würde einen Kaiser freilassen, wenn er bereit wäre, freigelassen zu werden. Ich werde nicht weitermachen. Auf diese Weise werde ich nichts lernen.

Sie schnappte nach Luft. Hubert Gage drehte sich ohne ein weiteres Wort um und streckte seine Hand aus, um sie wieder zurückzuführen, aber sie wehrte ihn ab und stand da und umklammerte ihre Schläfen mit einer Kraft, die offenbar dazu bestimmt war, ihren Verstand zurückzuhalten.

„Wenn Sie denken", sagte sie sehr langsam, denn sie sammelte ihre Gedanken, „dass ich Sie mehr mögen werde, wenn ich gelernt habe, ihn zu hassen, dann wissen Sie ein für alle Mal, dass Sie in meinen Augen unerträglicher sein werden als Claude." sich selbst."

Er sah verzweifelt aus, gab aber keine Antwort.

Sie hielt einen Moment inne und sagte dann in einem ruhigeren Ton. „Stellen Sie sicher, dass Sie meinem Onkel nichts davon sagen; es würde ihn sehr verärgern. Ihm geht es nicht gut genug –"

Er gab ihr dieses Versprechen; und als er den Gartenzaun erreichte, sagte er, er werde auf sie warten, während sie den Terrassenweg hinunterginge. Sie machte ihm ein Zeichen des Schweigens und schlich vorsichtig vorwärts, bis sie unter die Veranda kam. Die Wohnzimmerfenster waren nicht geschlossen, und sie hörte und sah alles, was drinnen vorging. An das Fenster war ein Sofa herangezogen, auf dem ein siebzehnjähriges Mädchen lag, das noch viel von der anmutigen Schönheit bewahrt hatte, die es einst ausgezeichnet hatte. Groß und schlank, verbarg der volle Musselinwickel teilweise den zerstörerischen Einfluss dieser Krankheit , die ihre Aufgabe so beinahe erfüllt hatte . Ihre Augen mit ihren langen schwarzen Fransen schienen einen unverhältnismäßigen Anteil an ihrem Gesicht einzunehmen, und ihr üppiges dunkles Haar, das sie in großen Falten am Hinterkopf gewunden hatte, war in langen Locken wie breite Bänder über die Kissen gefallen auf dem sie lag. Sie lag zurückgelehnt, halb gestützt in sitzender Haltung von Herrn Haveloc . Ihr Kopf lehnte an seiner Schulter, und ihre prächtigen Augen ruhten auf seinem Gesicht, als wüsste sie, dass ihr nur sehr wenig Zeit blieb, sich jedes Merkmal in ihr Gedächtnis einzuprägen. Er saß einige Minuten lang ganz still da und Avelines abgemagerte Hand lag passiv in seiner. Schließlich sagte sie mit einem sanften Lächeln und blickte ihn immer noch an, als fürchtete sie, ihn auch nur einen Moment aus den Augen zu verlieren:

„Der Mond wird sich bald verändern, nicht wahr, Herr Haveloc ?“

„Morgen, glaube ich“, sagte er freundlich, nicht zärtlich, denn er war kein Charakter, der etwas vortäuschen konnte, obwohl Margaret zu schwindelig war, um den Unterschied zu bemerken. Sie schwiegen einige Augenblicke, und dann beschäftigte er sich mit einer unruhigen Bewegung von Aveline damit, die Kissen auszuwechseln.

Mrs. Fitzpatrick, die beim Sitzen ihren Kopf an den Kaminsims gelehnt hatte, blickte auf, als sie das leise Geräusch hörte, das sie machten, und senkte dann wieder den Kopf mit dem stummen Ausdruck des Kummers, den diese Haltung so beredt vermitteln kann.

„Ich hoffe, Sie gehen heute Abend nicht so früh weg, Herr Haveloc “, sagte Aveline, sobald ihre Kissen richtig angeordnet waren. „Sie sind gestern so sehr früh gegangen, und es hat keinen Zweck, denn ich tue es nicht.“ schlafe dafür umso früher.

Mrs. Fitzpatrick hob den Kopf und warf Mr. Haveloc einen Blick zu , als hätte sie gesagt: „ Kommt ihr in den Sinn“, aber sie sank in ihre frühere Lage zurück, ohne zu sprechen.

„Ich bin sicher, solange Sie nicht müde sind“, sagte er, „werde ich bleiben, bis Mrs. Fitzpatrick es für richtig hält, mich aus der Tür zu schicken.“

„Schläft Mama?“ sagte Aveline, die auf die Stimme ihrer Mutter lauschte.

„Schlafend, meine Liebe!“ sagte Mrs. Fitzpatrick in einem Ton, der Margaret begeisterte, es lag so viel Verzweiflung darin.

„Wir sind alle im Halbschlaf“, sagte Herr Haveloc . „Soll ich nach Kerzen klingeln?“

„Tu es“, sagte Aveline; „Bleiben Sie! Sehen Sie dort auf der Veranda eine Gestalt – einen Schatten?“

Margaret hörte nichts mehr. Sie drehte sich um und eilte von der Terrasse die Stufen hinunter zum Strand, bis der Schaum der Wellen über ihren Füßen brach.

"Du lieber Himmel!" rief Hubert Gage, der ihr nachgeeilt war. „Was haben Sie vor? Was werden Sie tun?“

„Was soll ich tun, außer nach Hause zu gehen?" sagte Margaret und drehte sich leise um. „Ich habe gesehen, wozu ich gekommen bin."

Und sie wandte sich wieder ab und begann schnell zu gehen.

„Sprich mit mir", sagte er, nachdem er ihr eine Zeit lang schweigend gefolgt war . „Sag mir – bin ich schuld?"

Margaret schüttelte den Kopf.

„Ich kann dieses Schweigen nicht ertragen", sagte er nach einer weiteren Pause. „Sag mir etwas."

"Was soll ich sagen?" fragte Margaret, während sie immer noch weiterging.

„Verabscheuen Sie mich?"

„ Du! – Nein."

Sie kamen vor dem Tor der Hütte an.

Margaret streckte ihm die Hand hin.

„Gute Nacht", sagte sie mit ruhiger Stimme. „Lass mich dich morgen sehen."

KAPITEL XIII.

Steig ' empor , o Morgenroth , und rôthe
Mit purpurnem Küsse Hain und Feld!
Säus'le nieder , Abendroth und Flöte
Sanft in Schlummer die erstorb'ne Welt;
Morgen – Ach! Du rötest
Eine Todtensflor ,
Ach! und du, o Abendroth ! umflötest
Meinen langen Schlummer nur .
SCHILLER.

„Es ist niemand auf der Veranda", sagte Herr Haveloc und kam an die Seite von Aveline zurück. „Es war deine Fantasie. Du hast die Zigeunerin noch nicht vergessen."

Aveline lächelte und bedeutete ihm, sich auf einen Stuhl neben dem Sofa zu setzen.

„Jetzt geht es mir leicht", sagte sie. „Ich werde nicht noch einmal umziehen." Er blickte sie ängstlich an und fand, dass in ihrem Gesichtsausdruck etwas Seltsames lag. Es schien, als ob sie die Kontrolle über sie verloren hätte und als ob ihr Lächeln unwillkürlich wäre.

"Mama!" sagte sie plötzlich in einem schnellen, scharfen Ton.

Ihre Mutter eilte an ihre Seite.

„Bleib in meiner Nähe, Mama", sagte sie.

Mrs. Fitzpatrick, die auf der Sofaseite saß, hielt die Hand ihrer Tochter.

„Fühlst du dich schlechter, meine Liebe?" Sie flüsterte.

„Nein, besser", erwiderte Aveline mit klarer Stimme.

Mrs. Fitzpatrick zitterte übermäßig, unterdrückte aber alle anderen Anzeichen von Emotionen. Wie so oft blickte sie Herrn Haveloc ängstlich an , um seine Meinung zu lesen. Sein Blick war auf den Boden gerichtet.

„Mr. Haveloc ", sagte Aveline mit vollkommen freier Stimme, „Sie werden sich daran erinnern, Mr. Fletcher gesagt zu haben, dass Mr. Lucas sehr freundlich war und mir viel Trost gegeben hat."

„Er kommt morgen zurück. Ich hoffe, es geht Ihnen gut genug, um ihn selbst zu sehen", sagte Herr Haveloc .

Aveline sah ihn an und bemerkte den unruhigen Ausdruck in seinem Gesicht.

„Sehen Sie, wie wenige Wünsche ich habe", sagte sie; „Wie ist alles durch deine Freundlichkeit vorweggenommen worden?" und richtete ihren Blick auf ihre Mutter. „Zu dieser Stunde habe ich nichts mehr zu sagen."

Mrs. Fitzpatrick, weiß wie Marmor, drückte die Hand ihrer Tochter auf ihre Lippen.

Herr Haveloc war von der Vorahnung, die sie alle zu befallen schien, von Ehrfurcht erfüllt, und wagte nicht zu sprechen.

„Mama – kleine Jane", sagte Aveline nach einer Pause.

„Ja, meine Liebe. Du weißt, dass wir diese Angelegenheit neulich geklärt haben", sagte Mrs. Fitzpatrick mit wunderbarer Ruhe.

„Ja – ja", sagte Aveline.

„Ich denke", sagte Mr. Haveloc und sah Mrs. Fitzpatrick an, „ich sollte lieber Mrs. Grant anrufen."

"Wer ist er?" fragte Aveline schnell. „Ich war es, der gesprochen hat", sagte Herr Haveloc . „Ich wollte Ihre Krankenschwester holen lassen, denn ich möchte nicht, dass Sie zu dieser Zeit wach sind."

„Nein – nein; bewegen Sie mich nicht", sagte Aveline.

„Es soll sein, wie Sie möchten; aber ich weiß, dass Sie hier nicht schlafen werden", sagte Herr Haveloc .

„Kein Schlaf mehr", sagte Aveline wie zu sich selbst.

Sie blieb mit den Augen auf die Decke gerichtet, wo sich durch die Widerspiegelung der Lichter ein breiter leuchtender Fleck befand.

Es herrschte langes, tiefes Schweigen. Frau Fitzpatrick betete innerlich. Aveline blieb immer noch mit erhobenem Blick stehen und atmete kurz und schnell.

Plötzlich wurde die Stille durchbrochen, als ihre Stimme in deutlichem Ton wiederholte:

„Auch wenn ich durch das Tal des Todesschattens gehe, fürchte ich kein Unheil; denn du bist bei mir. Dein Stab und dein Stab trösten mich.""

wer einen Kranken beobachtet hat, kann sagen, mit welcher rührenden Feierlichkeit die Worte der Heiligen Schrift erfüllt sein werden, wenn sie in der Stille der Nacht plötzlich von ihren Lippen kommen.

Mrs. Fitzpatricks Festigkeit ließ nach; Sie brach in Tränen aus. Aveline machte keine Bemerkung. Sie schien ihre Begleiter nicht zu bemerken.

Schließlich sagte sie in Anspielung auf ihr Gespräch vor einiger Zeit .

„Aber die Krankenschwester könnte kommen.“

Mrs. Fitzpatrick klingelte. Frau Grant trat ein; aber Aveline war wieder abgelenkt.

Die gute alte Frau setzte sich hinter das Sofa und machte ihnen ein Zeichen, still zu sein. Sie hatte seit einigen Tagen besser als jeder andere gesehen , dass das Ende nahte.

„Ist die Flut abgelaufen, Herr Haveloc ?“ fragte Aveline mühsam.

Mrs. Grant schauderte. Der Aberglaube, der den Einfluss der Gezeiten auf die Sterbenden respektiert, ist bekannt. Sie glaubte fest daran, dass ihre junge Dame freigelassen werden würde, wenn sich die Flut änderte.

Mr. Haveloc ging zum Fenster und schaute hinaus. Die lange Reihe niedriger grüner Felsen war von den abebbenden Wellen noch nicht ganz freigelegt. Der Mond glänzte über ihrer rutschigen Oberfläche, und das Wasser stieg und senkte sich sprudelnd zwischen ihren Spalten.

„Noch nicht ganz“, sagte er und kam zur Couch zurück.

„Noch nicht ganz“, wiederholte sie. Dann sagte sie mit größerer Anstrengung: „Ich wollte euch beiden danken.“

"Mein Liebster!" sagte Mrs. Fitzpatrick und beugte sich über sie.

„Du weinst nicht!“ sagte Aveline und versuchte, ihre Hand liebkosend über das Gesicht ihrer Mutter zu ziehen; "nicht für mich!"

„Nein, nicht für dich, mein Kind“, sagte Mrs. Fitzpatrick.

„Mama, es kommt“, sagte Aveline fast unhörbar. „Was kommt, meine Liebe?“ fragte ihre Mutter.

Aveline gab keine Antwort – alle ihre Sinne schienen sie auf einmal im Stich gelassen zu haben.

"Gott sei gelobt!" sagte Frau Grant und erhob sich mit der Würde, die wahre Gefühle immer vermitteln: „Gott sei gepriesen! Sie ist jetzt ein Engel im Himmel!“

KAPITEL XIV.

Und einige werden sterben, das sind die Sanftmütigen,
niedergedrückt wie Blumen vom frühen Frost; und einige werden in
Verachtung und Bitterkeit des Herzens wachsen, als würden sie anderen
das volle Maß dessen geben, was ihnen zugeteilt wurde. Einige schauen
zum Himmel, und sammle ihre Herzen, wo Enttäuschung sie nicht mehr
berühren kann;
Und diese wenigen sind die Weisen ; aber es gibt viele,
deren Leben stärker ist als ihre Qual, und einer überdauert den anderen. –
Mitleid mit ihnen.
ANON.

Sobald es möglich war, stattete Hubert Gage am nächsten Morgen den
Besuch ab, den Margaret ihm am Abend zuvor beinahe abverlangt hätte. Der
meistbegünstigte Verehrer hätte sich vielleicht über die Spannung gefreut,
mit der sie offensichtlich auf sein Herannahen wartete; denn sie stand auf
halber Höhe des Gartenwegs und beobachtete ihn , als er sich der Hütte
näherte. Seine Verlegenheit war weitaus größer als ihre eigene, er wagte es
kaum, den Blick zu ihrem Gesicht zu heben, und als er es tat, war er ebenso
erschrocken über ihren festen und starren Ausdruck wie über die eisige
Blässe, die ihre Gesichtszüge bedeckte.

„Ich wollte dich wiedersehen", sagte sie, als er sie erreichte, „ich war gestern
sehr dumm und unvernünftig, und ich hatte Angst, dass kein Freund von mir
mit einem solchen Eindruck von mir weggehen würde. Ich wollte dich
treffen." Sie, als ich wieder ruhig war. Sie sehen, Herr Hubert, dass ich Sie
als Freund betrachte."

"Ein Freund!" er rief aus; „Wenn die Hingabe meines ganzen Lebens dafür
sorgen könnte –"

"Stoppen!" rief Margaret mit einem Ton des Leidens, der so sehr im
Widerspruch zur gleichmäßigen Ruhe ihrer ersten Ansprache stand, dass er
darüber entsetzt war. „Wenn alles, was du jemals für mich erklärt hast, nicht
ein Spott und eine Beleidigung war, wirst du mir das ersparen. Du wirst dich
so sicher fühlen, als ob die Zukunft die Vergangenheit wäre , die ich nie
wieder lieben kann. Du wirst mich nicht beleidigen, wenn Sie die
Freundschaft und Achtung schätzen, die ich Ihnen noch entgegenbringen
muss, indem Sie sich vorstellen, dass ich jederzeit einer solchen Sprache
zuhören kann.

„Dann gibt es für uns beide nichts als Elend", sagte Hubert Gage .

„Ich blicke nicht mit so viel Verzweiflung nach vorne wie Sie, Herr Hubert",
sagte Margaret, „selbst jetzt in der ersten Qual der Entdeckung und

Verzweiflung; in all der Scham und der Qual, getäuscht und belästigt worden zu sein – a Leiden, das du nie ganz begreifen kannst; ich blicke mutiger nach vorne als du. Lass mich zunächst von mir selbst sprechen. Ich habe oft von einem Traum völligen Glücks gehört – einem Seinszustand, der zu strahlend ist, um von Dauer zu sein; der durch Zufall zerstreut wurde, oder Unglück oder Tod. Mein Traum wurde zerstreut. Mit mir ist alles vorbei, außer dem Leben und seinen Pflichten; aber ich habe keine Spannung und manchmal denke ich, dass Spannung die einzige Folter ist, unter der wir nicht still sein können. Alles andere, glauben Sie mir , Herr Hubert, ist erträglich. Ich erwache zu einem tieferen Bewusstsein für die Pflichten des Lebens; für die große Lektion, die wir jemals lernen sollten, wenn wir seine Freuden verlieren. Lassen Sie mich Ihnen das Gleiche dringend ans Herz legen. Sie haben, verzeihen Sie mir, Auf der Suche nach einem Glück, das dir verwehrt wurde, hast du alles aus den Augen verloren, was besser ist als Glück. Da ich mitverantwortlich dafür war, lass mich, wenn ich kann, dafür büßen. Wenn Sie mich wertschätzen – ich hoffe, dass Sie das tun –, möchte ich Sie dringend bitten, diesen großen Fehler wiedergutzumachen. Lassen Sie mich Sie bitten, Ihren Beruf wieder aufzunehmen und Ihre Gedanken auf Themen zu richten, die Ihrer Energie und Ihrem Talent würdig sind. Sie wissen, wie sehr Sie Ihren Vater mit dieser Entschlossenheit erfreuen würden; und es sei Ihr großer Trost, wie es meiner ist, dass wir, wenn uns das Glück verweigert wird, immer noch die Macht haben, es anderen zu schenken; und während wir daran denken, dass es einen Himmel über uns gibt, lasst uns uns nicht zu sehr mit den Dornen unter unseren Füßen beschäftigen."

Während Margaret mit einem Ernst des Gefühls sprach, der ihr die Tränen aus den Augen trieb , brachte der sanfte, aber starke Westwind deutlich den Klang einer vorbeiziehenden Glocke auf die Veranda, wo sie saßen.

Die Töne waren so passend; sie schienen so vollkommen das Echo ihrer Gefühle zu sein, dass beide eine Zeit lang völlig still blieben. Margaret glaubte, dass ihr Begleiter von ihren Worten bewegt war, denn er blieb mit seinem Gesicht in seinen Händen verborgen; und immer noch drang der dumpfe Klang in ihren Ohren.

„Da", sagte er und blickte schließlich auf, „das ist die Glocke des armen Mädchens, das du gestern gesehen hast."

"Ist es?" sagte Margaret, „ich beneide sie", und sie trocknete sich ein- oder zweimal die Augen; aber sie hatte kaum noch die Kraft zu weinen. Sie hatte die halbe Nacht weinend verbracht und spürte nun die Erschöpfung, die starken Emotionen folgt. „Aber ich bin überrascht;" Sie sagte: „Ich hätte nie gedacht, dass sie ihrem Ende so nahe war. Das ist eine sehr heimtückische Beschwerde. Nicht wahr?"

„Das glaube ich“, gab er geistesabwesend zurück. „Die arme Mutter!“ sagte Margaret mit zitternder Stimme, „was für eine traurige Not gibt es überall auf dieser Welt um uns herum, und andere leiden auch, Herr Hubert; es gibt keinen Kummer wie den Tod derer, die wir lieben.“

„Du denkst an Haveloc “, sagte ihr Begleiter, „es ärgert mich zu hören, wie du mit Mitgefühl von ihm sprichst.“

„Und doch denke ich, Herr Hubert“, sagte Margaret, „dass Sie Ihrem größten Feind in solch einem Kummer verzeihen und sogar freundlich von ihm sprechen würden; tatsächlich bin ich mir sicher, dass Sie das tun würden.“

„Ich muss weg“, rief er, „ich kann das nicht ertragen. Mit jedem Augenblick machst du dich für mich wertvoller . Ich kann mich nicht entschließen, die Hoffnung aufzugeben, eines Tages deine Aufmerksamkeit zu gewinnen.“

„Soll ich versuchen, es dir auszureden?“ sagte Margaret, „soll ich Sie davon überzeugen, dass meine Gefühle wie die meisten ruhigen Menschen sehr hartnäckig sind und dass ich, wenn ich sage, dass ich mit der Liebe Schluss gemacht habe, nicht den Ausdruck verwende, der für enttäuschte Frauen üblich ist, sondern dass ich eine Entschlossenheit ausspreche.“ Daran kann sich nie etwas ändern. Und doch versichere ich Ihnen, Herr Hubert, dass meine Freundschaft sich lohnt. Ich gebe Ihnen zum Beispiel sehr gute Ratschläge.“

Margaret versuchte fröhlich zu sprechen, aber das Lächeln blieb aus.

„Ich werde es buchstabengetreu befolgen“, sagte er; „Sie werden mich nie wieder sehen, bis ich stolz sagen kann, dass ich mich Ihres Interesses würdig erwiesen habe. Wenn alle Frauen ihren Einfluss nutzen würden“ – Er hielt inne und war vor Rührung nicht in der Lage, seinen Satz zu beenden.

Margaret wechselte das Thema.

„Meinem Onkel geht es heute besser als schon seit einiger Zeit“, sagte sie. „Ich denke, die Aussicht, nach Hause zu gehen, hat diese Veränderung bewirkt, und ich hoffe, dass seine Besserung eintreten wird, wenn er sich erst einmal wieder in Ashdale wohlfühlt.“ Sei schnell.“

„Das hoffe ich“, sagte Hubert, „aber meine derzeitige Sorge gilt dir selbst; wie soll ich jemals von dir hören?“

„Wenn Sie freundlicherweise wissen möchten, wie es mir geht, wird Bessy Ihnen das vermutlich in ihren Briefen erzählen“, sagte Margaret; „Aber ich gehe davon aus, dass mein Leben von nun an so eintönig sein wird, dass ich nur noch ein Bulletin liefern werde.“

„Dann muss ich davon leben", sagte er. „ *Na ja und Single*. Das wird mir sicher zu Ohren kommen. Und wenn ich nicht etwas von deiner Standhaftigkeit mitbekommen könnte", fügte er hinzu und blickte bewundernd auf ihr ruhiges Gesicht, „sollte ich des Namens eines Mannes unwürdig sein. Aber du." Ich weiß nicht, wie schwer es für mich ist, dich zu verlassen, während du so krank aussiehst. Du hast letzte Nacht nicht geschlafen."

„Schlaf, nein!" sagte Margaret mit *Naivität* .

„Und ich fürchte", sagte Hubert, „dass Sie ohne jemanden, der Ihre Vorgänge überwacht, nicht richtig auf sich selbst aufpassen werden."

„Es gibt ein großartiges Heilmittel für meine Beschwerden. Zeit", sagte Margaret ruhig; „Und ich denke, seine Flügel oder Räder werden sich in Ihrer Abwesenheit genauso gut bewegen wie in Ihrer Gegenwart, Herr Hubert."

„Das stimmt, ich kann die Schritte Ihres Arztes nicht beschleunigen", sagte Hubert lächelnd.

„Das ist richtig", sagte Margarete und erhob sich, „lasst uns jetzt fröhlich trennen."

„Nun, aber geben Sie mir Ihre Befehle", antwortete er, „Sie können den Reiz nicht erkennen, der darin besteht, bedingungslos den Anweisungen einer Person zu folgen, die man liebt."

„Sie kennen sie, denke ich", sagte Margaret lächelnd, „Sie müssen zur See fahren; und Sie müssen sich an die Tage erinnern, als jeder englische Gentleman sowohl ein Gelehrter als auch ein Soldat war. Und da Sie ein Seemann sind, Es wird Ihnen keine Schwierigkeiten bereiten, den Beispielen der Herrschaft Elisabeths zu folgen. Tatsächlich werde ich Sie, wenn ich Sie wiedersehe, Ihrem Vater sehr ähnlich finden. Sie müssen hereinkommen und sich von meinem Onkel verabschieden, vielleicht, wenn Sie wieder zurückkommen Wenn Sie nach England reisen, werden Sie es vielleicht bereuen, dass Sie sich nicht von einem so alten Freund verabschiedet haben.

Sie ging ins Haus: Ihr Onkel saß in seinem Sessel, dicht an das Feuer gezogen, ihm war so kalt wie immer bei diesem Sommerwetter.

„Mr. Hubert Gage ist gekommen, um sich von Ihnen zu verabschieden, Onkel", sagte Margaret und beugte sich über seinen Stuhl.

„Oh, diese Abschiede", sagte Mr. Gray, drehte sich um und reichte Hubert seine Hand; „Sie sind der schlimmste Teil des Lebens. Und wohin gehst du, mein lieber Freund?"

„Zur See, wenn ich flott komme", sagte Hubert.

„Das Allerbeste auf der Welt", sagte Mr. Grey. „Dein Vater ist begeistert, nicht wahr?"

„Ich glaube nicht, dass er von meinem Entschluss weiß; er kam ziemlich plötzlich", sagte Hubert mit einiger Verwirrung.

„Ah, tatsächlich!" sagte Mr. Gray, „und ich gehe nach Hause, Hubert."

Das Wort „Zuhause" hatte einen leichten Akzent, der die arme Margaret ziemlich verunsicherte.

„Diesem armen Kind geht es nicht gut", sagte Mr. Grey; „Sie macht sich Sorgen um meine Gesundheit; und Krankheit ist fast das einzige Leid , das wir unseren Freunden nicht ersparen können. Nun, auf Wiedersehen, und möge Gott Sie segnen!"

Der Ton war so viel feierlicher, als es bei Mr. Grey üblich war, dass es wie ein letzter Abschied wirkte.

Hubert Gage rang schweigend die Hand und verließ ihn.

Am nächsten Tag machten sie sich auf den Heimweg. Mr. Gray war vollkommen zufrieden mit der Idee, Ashdale wiederzusehen. Margaret war froh über Veränderung und Bewegung. Auf die besorgten Fragen ihres Onkels antwortete sie immer, dass es ihr ganz gut ginge, und er stellte sich vor, dass sie so blass aussah, weil sie ihn so aufmerksam beobachtete.

Ashdale näherten , begrüßte er jeden vertrauten Gegenstand mit so großer Befriedigung, als wäre er jahrelang statt wochenlang abwesend gewesen. Jedes Häuschen, jeder Bach, jede Wegbiegung erregte seine Aufmerksamkeit.

Margaret zitterte, als die Kutsche vor dem Haus vorfuhr. Sie fürchtete sich vor den Erinnerungen, die diese vertrauten Räume in ihr wachrufen würden. Das Feuer brannte hell im Wohnzimmer. Mr. Casement stand auf dem Kaminvorleger. Dieser Umstand vervollständigte Mr. Greys Zufriedenheit. Es war wirklich wie zu Hause, mit Mr. Casement am Kamin.

Zitternd und zitternd und kaum in der Lage, ihre Tränen zurückzuhalten, kauerte Margaret nun über dem Feuer, das ihr ebenso willkommen war wie ihrem Onkel.

„Holloa, kleine Frau! Du bist jetzt die Invalide, wie es scheint", sagte Mr. Casement und bemerkte ihr verändertes Aussehen.

„Das Kind ist müde; reden Sie nicht mit ihm, Casement", sagte Mr. Grey.

„Oh! Haben Sie die Nachricht von Meister Claude gehört?" fragte Herr Casement. „Er hat wieder umworben; das ist alles. Ich habe noch nie so einen Kerl gekannt."

„Unsinn; ich höre mir solche Berichte nie an", sagte Mr. Grey. „Ich glaube kein Wort davon!"

„Sehr gut – fragen Sie den alten Warde ; das ist alles. Er war es, der es mir erzählt hat ", sagte Mr. Casement und beharrte auf seinen Neuigkeiten, weil er sah, dass sie seinen alten Freund verärgerten.

„Ich werde es nie glauben; ich kenne ihn besser", sagte Mr. Grey.

„Na gut! Ich habe ihm kein Verbrechen vorgeworfen, nicht wahr, kleine Frau?"

„Überhaupt nicht, Sir", sagte Margaret ruhig.

Mr. Gray sah Margaret lächelnd an. Ihre ruhige Stimme beruhigte ihn, sie glaubte dem Bericht genauso wenig wie er; Also drehte er das Thema um und dachte nicht mehr darüber nach.

Aber seine Heimkehr, auf die er sich so sehr gefreut hatte, brachte nicht den gewünschten und erwarteten Erfolg. Er wurde von Tag zu Tag schwächer und unfähiger, sich körperlich oder geistig anzustrengen. Als es ihm schließlich zu anstrengend wurde, sein Zimmer zu verlassen, und er nicht mehr als ein paar Stunden am Tag sitzen konnte, sagte er eines Abends zu Margaret, dass er sich träger als sonst gefühlt habe: „Meine Güte Kind, ich denke, du musst Claude Haveloc schreiben . Sag ihm, dass ich ihn unverzüglich sehen möchte.

Kapitel XV.

Oh! Herr, ich habe Sie mit so festem Herzen geliebt
, dass ich in dem Moment, in dem Sie mich beleidigt oder eher betrogen
haben, einen Schwur abgelegt habe, Ihrem letzten Beschluss zu gehorchen,
und nie wieder zu einer Hoffnung aufzublicken, die mir auf diese Weise
Trost bringen sollte. Ihr Gefällt mir, werde von nun an immer zum
Schweigen gebracht.
BEAUMONT UND FLETCHER.

Frau Fitzpatrick war mit einem Geist von ungewöhnlicher Stärke
ausgestattet; doch für einige Tage schien sie all ihre Standhaftigkeit im Stich
zu lassen. Wie viele andere stellte sie fest, dass all ihre Vorstellungen, obwohl
sie sich oft ausgemalt hatte, was kommen würde, weit hinter der
Trostlosigkeit und dem Schmerz der Realität zurückblieben. Herr Haveloc
hat all die Vorkehrungen auf sich genommen, die für die Überlebenden so
schmerzhaft sind. Sie sah ihn nicht, schickte ihm aber gelegentlich mit
Bleistift ein paar Worte, in denen sie ihre Wünsche zum Ausdruck brachte.
Sie hatte nur sehr wenige Verwandte, und diese wenigen lebten weit im
Norden Irlands; und der einzige Verwandte ihres Mannes, dessen Namen er
je gehört hatte, war Lord Raymond, dessen Anwesen Wardenscourt nur
wenige Meilen von seinem eigenen entfernt lag. Er schrieb an diesen Adligen
und teilte ihm gemeinsam mit den anderen Verwandten den Tod Avelines
mit; und zu seiner großen Überraschung beantwortete Lord Raymond seinen
Brief persönlich, sobald es möglich war.

Er war ein sehr wohlmeinender Mann, und er glaubte, dass es ein Zeichen
der Aufmerksamkeit für Mrs. Fitzpatrick und das Andenken ihres Mannes
wäre, wenn er der Beerdigung ihres Kindes beiwohnen würde; denn sie
hatten so wenige Verbindungen übrig, dass ihr ohne ihn Fremde bis ins Grab
gefolgt wären.

Er war eine Woche lang Gast bei Herrn Haveloc und schaffte es, sich die
Zeit einigermaßen gut zu vertreiben, wenn man bedenkt, dass er nicht bei all
seinen Pferden war. An diesem abgelegenen Ort fühlte er sich nicht
verpflichtet, sich auf das Haus zu beschränken; Er fing an, Möwen zu
schießen und eignete sich ein wenig Geschick im Umgang mit dem Gewehr
an. Er wachte über das norwegische Pony und bemühte sich , ein gewisses
Interesse an seinem Vorgehen zu wecken; Er half Herrn Haveloc , ihn vom
Fenster aus mit Brot zu füttern, und versuchte sich vor Augen zu halten, dass
er ein Pferd und daher ein Objekt des Respekts und der Wichtigkeit war. Er
wanderte durch die Gärten, aß die Früchte und fuhr mit einem Boot hinaus,
um die Jacht zu besichtigen. und äußerte den Wunsch, sie zu kaufen, und gab
die Idee auf, weil er nicht sicher war, ob Lucy sich für eine Kreuzfahrt

interessierte; und wann immer sein Gastgeber niedergeschlagen wirkte, versuchte er , ihm sein Beileid auszudrücken, was ihm aber glücklicherweise aufgrund seines Stotterns nie gelang.

Und während der Woche, in der er blieb, schrieb er bekanntermaßen einen Brief; Aber Literatur war nicht seine Stärke, und niemand sah, dass er sich jemals mit einem Buch beschäftigte.

Wann immer Mr. Haveloc in die Hütte ging, um sich nach Mrs. Fitzpatrick zu erkundigen, wünschte er, dass seine Komplimente und Anfragen zu seinen eigenen hinzugefügt werden könnten; und gewöhnlich erkundigte er sich gleichzeitig, ob Mrs. Fitzpatrick nicht eine sehr schöne Frau sei, und fügte hinzu, dass er sich vor einigen Jahren an sie so erinnert habe.

Der Tag der Beerdigung kam. Lord Raymond und Mr. Haveloc waren die einzigen Personen, die daran teilnahmen.

Mrs. Fitzpatrick hatte dies gewünscht, aber ihr Freund, Mr. Lindsay, hatte es ihr kategorisch verboten, und sie stimmte zu. Ihr Geist war zu gebrochen, um Widerstand zu leisten, selbst wenn es um eine unbedeutende Angelegenheit ging.

Sie schickte ein paar Zeilen an Lord Raymond und dankte ihm für seine Freundlichkeit, lehnte jedoch den Besuch ab, den er ihr freiwillig machen wollte. Sie hatte eine sehr vernünftige Einschätzung des Beileids eines Fremden.

Es vergingen zwei oder drei Wochen, bis sie sich genügend zusammenreißen konnte , um Mr. Haveloc aufzunehmen ; aber schließlich befahl sie ihm zu kommen, da sie fürchtete, er könnte die Nachbarschaft verlassen , ohne dass sie ihn sah.

Mr. Lindsay war bei ihr im Wohnzimmer; Sie sah furchtbar krank aus und ihre Hand war eiskalt. Mr. Haveloc setzte sich neben sie und versuchte vergeblich zu sprechen. Es lag etwas so Absolutes in ihrem Trauerfall, dass er vor ihr stumm war; er spürte zum ersten Mal den Einfluss jener Trauer, die „seinen Besitzer groß macht“.

Es oblag Herrn Lindsay, das Gespräch aufrechtzuerhalten.

„ Sie haben sich also noch nicht von Ihrer Yacht getrennt, Herr Haveloc “, sagte er, „wir werden ein hübsches Objekt verlieren, wenn sie diesen Teil der Küste verlässt.“

„Nein, ich hatte in letzter Zeit fast die Gelegenheit, sie loszuwerden“, sagte Herr Haveloc , „ich dachte, Lord Raymond hätte –“

Und er hielt plötzlich inne, als ihm einfiel, dass Lord Raymond ausdrücklich zu ihm gekommen war, um Avelines Beerdigung beizuwohnen. „Ja – Sie finden, wie viele andere auch, dass es viel einfacher ist, ein Spielzeug zu kaufen, als sich davon zu trennen."

"Genau."

„So viele Menschen wollen verkaufen, und so wenige wollen kaufen", fuhr Herr Lindsay fort.

„Das ist einfach so."

„Wissen Sie", sagte Mr. Lindsay und wandte sich an Mrs. Fitzpatrick, als wäre es ein Thema, für das sie ein tiefes Interesse haben müsste; „Ich bin mir sicher, dass wir einen sehr schönen Herbst haben werden!"

„Das denken Sie! Sie können das Wetter so hervorragend einschätzen", sagte Mrs. Fitzpatrick mit träger Stimme.

„In einem Monat werde ich die Pyrenäen von Vorteil sehen", sagte Herr Haveloc .

„Ah! Sie sind ein Reisender . Es ist seltsam, dass heutzutage niemand mehr zu Hause bleibt", sagte Herr Lindsay. „Ich würde gerne wissen, wo Sie ein schöneres Land als Ihr eigenes sehen würden?"

„Ich erwarte von meiner Tour nichts anderes als Neuheiten", sagte Herr Haveloc . „Stimmt. Für Sie ist es das Beste, was passieren konnte", sagte der Arzt mit einem mitfühlenden Blick. „Szenenwechsel. Junge Leute, meine liebe Frau Fitzpatrick, können vor Gedanken davonlaufen. Sie und ich sind verpflichtet, uns auf die Zeit allein zu verlassen."

Es fiel Mr. Haveloc auf, dass sowohl der Arzt als auch Lord Raymond davon auszugehen schienen, dass er an Aveline gebunden gewesen sein musste, weshalb er sie mit seiner üblichen Ungeduld als Idioten abstempelte und nicht weiter darüber nachdachte.

Schließlich verabschiedete sich der Arzt, und dann wandte sich Mrs. Fitzpatrick an Mr. Haveloc und sagte mit fester Stimme zu ihm: „ Ich möchte, dass Sie, Mr. Haveloc , mich zu Avelines Grab bringen. Ich weiß es nicht." wo es ist, und ich könnte niemanden sonst bitten, es mir zu zeigen.

Herr Haveloc stimmte direkt zu. Mrs. Grant, die noch im Haus war und im Gehrock ihrer Herrin hereinkam, zögerte sehr, dass sie gehen sollte. Sie begründete ihre Einwände mit dem nassen Gras und der Menge des gefallenen Regens.

„Meine Güte, Frau Grant", sagte Frau Fitzpatrick, als sie ihren Schal befestigte, „ich wünschte, ein wenig feuchtes Gras könnte mir weh tun." und als sie sich an Herrn Haveloc wandte , wiederholte sie mit einem halben Lächeln . „Wenn der Geist frei ist, ist der Körper zart."

Es war ein sanfter, schöner Abend. Sie gingen langsam und schweigend auf den Kirchhof zu. Halb versteckt zwischen den Hügeln stiegen Sie die schmale, schattige Gasse hinab und stießen plötzlich auf den ruhigen Friedhof und die kleine Dorfkirche. Die langen Schatten lagen auf den Gräbern; die Saatkrähen kreisten und ließen sich zwischen den umliegenden Bäumen nieder, und der Regen hatte aus jedem Dickicht den Duft von Blumen und Sträuchern hervorgerufen.

„Es ist sehr nass", sagte Herr Haveloc , als sie auf das lange, gesättigte Gras traten.

„Das spielt keine Rolle", antwortete Frau Fitzpatrick. „Wissen Sie", fügte sie hinzu, „dass ich in der Nacht ihrer Beerdigung aus meinem Fenster schaute und ganz erleichtert war, den vom breiten Mondlicht weiß gewordenen Rasen zu sehen. Wenn der Regen in dieser ersten Nacht auf ihr Grab geschlagen hätte – aber das ist sehr schwach."

„Das kann ich nicht glauben", sagte Herr Haveloc . „Ich kann nicht glauben, dass die natürlichen Gefühle, die wir für die Überreste derer hegen, die uns am Herzen liegen, als Schwächen eingestuft werden können, die es zu verspotten oder zu überwinden gilt. Ich verabscheue die Philosophie, die das Heiligste von uns analysieren und ablehnen kann." Zuneigungen – die dem Tod die Ehrfurcht und das Geheimnis nehmen können, die das atemlose Bildnis, das dazu bestimmt ist, unsterblich zu sein, schützen und umgeben sollten. Eine Philosophie, die so blind ist, dass sie nur einen Haufen Lehm in der Asche sieht, die darauf wartet, dass der Atem Gottes sie beschwört zum Himmel!"

„Du fühlst dich immer stark, weißt du", sagte Mrs. Fitzpatrick mit einem schwachen Lächeln.

Zu diesem Zeitpunkt hatten sie den Kirchhof überquert und blieben vor einem kürzlich errichteten Grab stehen . Es war mit weißem Stein bedeckt, und ein nach frühenglischer Art geschnitztes Kreuz aus demselben Material trug die einfache Inschrift ihres Namens und Alters.

"Bereits!" sagte Frau Fitzpatrick: „Ich bin überrascht. Ich hatte keine Ahnung, dass es so schnell hätte geschehen können."

„Es wurde zwei Tage nach der Beerdigung hier platziert", sagte Herr Haveloc . „Ich habe mich nicht dafür entschieden, dass die Stelle unmarkiert bleiben soll."

Zu einem anderen Zeitpunkt hätte Mrs. Fitzpatrick über den Eigenwillen gelächelt, den ihre Begleiterin selbst bei Kleinigkeiten an den Tag legte; und habe mich gefragt, wie viel es ihm im ernsten Geschäft des Lebens nützen würde. Aber jetzt lehnte sie sich an das Kreuz und war in ihre eigenen schmerzhaften Gedanken versunken; Ihre Gedanken wanderten unwillkürlich von Szene zu Szene der Krankheit und des Todes ihrer Tochter. Jeder Tonfall, jeder Gesichtsausdruck tauchte abwechselnd in ihrer Erinnerung auf.

Alles war vollkommen still. Außer sonntags kam es sehr selten vor, dass ein Fußmarsch diesen schönen Ort überquerte. Ein Vorteil, der sich aus einer dünn verstreuten Bevölkerung ergibt, ist die angemessene Ruhe, die den Toten geboten wird. Hier waren die Gräber nicht überfüllt und es bestand für die neuen Insassen kein Grund, sie zu stören. Die alten Hügel sanken auf Bodenhöhe ab, und die grauen, bröckelnden Steine fielen in allen möglichen Positionen über den Boden. Die alten, unbeschnittenen Eiben wuchsen bis zur Erde und schützten die Nordseite des Bodens vor den kalten Winden.

Es war nicht, wie in bevölkerungsreichen Orten, von unhöflichen Kindern der unteren Klassen heimgesucht, die den Ort mit misstönenden Geräuschen und abscheulichen Gesten erfüllten und mit ihren groben Füßen die Erde verschmähten, die einem so feierlichen Zweck geweiht worden war.

Schließlich unterbrach Herr Haveloc die Träumerei seines Begleiters.

„Es ist spät“, sagte er, „und du bist ziemlich nass, fürchte ich. Ich rate dir, nach Hause zurückzukehren.“

"Heim!" sagte Mrs. Fitzpatrick traurig. „Wohin kehre ich zurück? Ich bin hier weniger einsam als in meinem eigenen Haus.“

„Du musst überzeugt werden“, sagte er und führte sie aus dem Grab. „Mrs. Grant wird sicher unglücklich sein, bis sie Sie wiedersieht.“

„Es ist wahr“, sagte sie, „ich sollte mich solchen Gefühlen nicht hingeben. Wie still! Wie unbeschreiblich still! Ich spüre so tief die Eignung und den Luxus dieser Ruhe, die die Toten umgibt, jetzt, wo ich auch einen Schatz habe.“ hier begraben.

Sie gingen nach Hause. Ihre Schritte raschelten im hohen Gras; Und der Riegel des Tors fiel mit einem scharfen Geräusch, so tief war die Stille im Ort.

Am Tor der Hütte trafen sie den Postboten; immer spät und oft sehr unregelmäßig in diesem Dorf. Er kannte Herrn Haveloc vom Sehen; und da er froh war, dem Spaziergang zu seiner Wohnung entgehen zu können, berührte er seinen Hut und überreichte ihm einen Brief. Die Handschrift stammte von Margaret. Er hatte es oft gesehen und seine Schönheit bewundert, obwohl sie ihm noch nie zuvor geschrieben hatte.

Da er die Bedingungen kannte, unter denen Mr. Gray zugestimmt hatte, dass sie ihm schreiben sollte, zögerte er, es zu öffnen. Er wusste, dass es schlechte

Nachrichten über den Gesundheitszustand seines Freundes enthalten musste.

„Aber lesen Sie es, Herr Haveloc ", sagte Frau Fitzpatrick, die während des Zögerns dagestanden und einen oder zwei gleichgültige Briefe überflogen hatte. „Du würdest bei mir nicht auf Zeremonien stehen."

Er riss es mit zitternden Händen auf und las die folgenden Zeilen:

> „Mr. Gray bittet mich, Sie nach Ashdale zu rufen . Er ist sehr krank, und ich sage Ihnen jetzt, dass wir uns als Fremde treffen und trennen müssen, weil es einfacher ist, zu schreiben als zu sprechen."

Kapitel XVI.

Que es la vida ? Un frenesi ;
Que es la vida ? Eine Illusion ,
eine Dunkelheit, eine Fiktion ,
Y el mayor bien es pequeño .
Que toda la vida es sueño ,
Y los sueños , sueño Sohn.
LA VIDA ES SUEÑO, JORN. 2.

Nichts konnte seine Verwunderung und seinen Kummer übertreffen, als er dieses kurze und entschiedene Schreiben las. Er stand einige Augenblicke lang sprachlos da, wie angewurzelt am Boden, und konnte seinen Augen nicht trauen. Er hätte mehr als sein Leben auf Margarets Beständigkeit gesetzt; und in einer solchen Zeit, mit ihm zu brechen – jetzt, wo ihr Onkel vielleicht im Sterben lag. In ihrer Grausamkeit lag eine Raffinesse . Er konnte kein Wort verstehen; und starrte verwirrt auf das Papier in seiner Hand.

„Ich fürchte, Sie haben schlechte Nachrichten erhalten, Herr Haveloc ?" sagte Mrs. Fitzpatrick und sah ihn besorgt an.

„Ich habe – sehr schlimm", sagte er. „Mein Freund, Mr. Grey, ist sehr krank, gefährlich, da bin ich mir sicher. Ich darf keinen Moment verlieren: Er hat mich gerufen. Ich muss sofort aufbrechen."

Sie tauschten einen hastigen Abschiedsgruß aus; und in einer weiteren Stunde flog er mit der Geschwindigkeit von vier Pferden über die Straße, und bis zum Äußersten bestochene Postillone konnten seine Kutsche herumwirbeln.

Er hielt immer noch den Brief in der Hand, der ihn nach Ashdale gerufen hatte . Er las es immer wieder.

Was könnte diese plötzliche Veränderung verursacht haben? Er war in Vermutungen und Bestürzung versunken.

Einen Augenblick lang hielt er es für möglich, dass ihr die Nachricht von seinem Besuch auf Aveline zu Ohren gekommen sein könnte; und dass sie seine Besuche fälschlicherweise in eine Hingabe interpretierte, die nie von ihr abgewichen war. Aber er verwarf diese Annahme sofort als unmöglich.

Hätte sie sich in diesem Punkt in seinem Verhalten geirrt, hätte sie eine Erklärung verlangt. Nichts hätte sie davon abhalten müssen. Sie hatte von einem aufdringlichen Freund von seinen Aufmerksamkeiten gegenüber Mrs. Maxwell Dorset gehört, deren Andenken er oft verfluchte, aber nie mit so viel Inbrunst wie jetzt. Und ihre Zartheit hinderte sie daran, auf den Grund ihres Grolls hinzuweisen.

Hier gelang es der Wut, sich zu quälen. Wenn sie ihn wegen einer Affäre verstoßen konnte, die stattgefunden hatte, bevor er sie kennengelernt hatte, war sie das Bedauern sicherlich nicht wert, das er jedoch nicht ganz unterdrücken konnte. Wenn ihre Liebe in dem Moment, in dem sie irgendeinen Grund zum Unmut gegen ihn hegte, wie ein Faden zerrissen werden konnte, war es nicht wert, sie zu bewahren. Es war mit Sicherheit der seltsamste und ungerechtfertigtste Schritt, von dem er je gehört hatte. Allerdings blieb ihm nichts anderes übrig, als zuzustimmen. Es war nicht seine Aufgabe, ihre unbegründeten Skrupel zu überwinden. NEIN! Er dankte dem Himmel, er konnte die Sache so gelassen angehen, wie sie es zu tun schien. Ihre Befehle wurden sicherlich mit äußerster Kürze ausgedrückt – er nahm an, dass sie ihn nicht für die Verschwendung vieler Worte wert hielt. Manche Damen könnten einen Liebhaber leichter entlassen als einen Schoßhund. Er lobte ihre Entscheidung und die Angelegenheit war erledigt.

Nachdem er zu diesen Überlegungen gekommen war, warf er sich würdevoll in eine Ecke des Wagens und versuchte einzuschlafen.

Da ihm dieser Versuch nicht gelang, war das Nächstbeste, als er feststellte, dass er nur im Schneckentempo vorankam, und sich leidenschaftlich mit den Postboten auseinandersetzte; und sich in ein Fieber der Aufregung zu versetzen, das mit jeder Meile des Weges zunahm. Plötzlich erinnerte er sich an das Testament, zu dessen Erstellung er Mr. Gray veranlasst hatte – ein Testament, das Margaret um das beraubte, was zweifellos ihr Erbe gewesen wäre.

Wie wenig hatte er jemals gedacht, dass irgendein Umstand eintreten könnte, der dazu führen würde, dass er eine solche Vereinbarung bereuen würde. Jetzt muss es unverzüglich aufgehoben werden – es muss ein neues Testament erstellt werden.

Mein Gott, wenn er zu spät kommen sollte! Und er ließ die Frontgläser herunter und überreichte den Postillionen ein weiteres Exordium.

Endlich erreichte er Ashdale . Es war ein Uhr morgens; Die Türen wurden geöffnet, sobald man die Hufe der Pferde hörte, ein klarer Beweis dafür, dass er sehnsüchtig erwartet worden war. Er warf sich aus der Kutsche und eilte auf den Diener im Flur zu.

„Mr. Grey –“

„Er ist sehr krank, Sir; es wird nicht erwartet, dass er bis zum Morgen lebt.“

„Erst am Morgen – mein Gott! Und dieser Wille –“, murmelte er vor sich hin, als er nach oben eilte. Er dachte schon damals mehr an Margaret als an Mr. Gray. Margaret saß am Bett neben dem Kissen ihres Onkels; so still und so weiß wie eine aus Wachs geformte Figur . Ihr Blick war auf sein Gesicht gerichtet; eine Hand ruhte in seiner; die andere hing lustlos an ihrer Seite. Mr. Casement stand am Fußende des Bettes gelehnt und sah, um ihm gerecht zu werden, sehr untröstlich aus. Margaret hob ihre schweren Augen und warf Mr. Haveloc einen Blick zu . Er war in Trauer; ein Zeichen des Respekts, das er Aveline für angebracht gehalten hatte; Der Anblick löste einen Schauer in ihrem Herzen aus.

Sie beugte sich über ihren Onkel und küsste ihn auf die Stirn.

„Mein lieber Onkel, Mr. Haveloc ", flüsterte sie.

Mr. Haveloc trat nahe an das Bett und ergriff Mr. Greys Hand, die Margaret ihm überließ.

„Ah, Claude!" sagte Mr. Gray mit einem schwachen Lächeln.

Es waren die letzten Worte, die er sprach. Fast unmittelbar danach verfiel er in eine Art Halbschlaf; seine Augen waren halb geschlossen.

Mr. Haveloc drehte sich abrupt um, packte Mr. Casement am Arm und führte ihn zum Fenster. Er hatte Mr. Casement noch nie zuvor in seinem Leben angesprochen, und man könnte ihm verzeihen, dass er bei dieser Gelegenheit äußerst überrascht dreinschaute.

„Sag mir – wie geht es ihm?" sagte Herr Haveloc .

„Jeder könnte das mit halbem Auge sehen, denke ich", murmelte Mr. Casement schroffer als sonst, denn er hatte große Lust zu weinen.

„Mein Gott, kann man nichts machen!" rief Herr Haveloc und faltete die Hände.

„Überhaupt nichts", erwiderte Mr. Casement. „Der Arzt ging um acht Uhr und Mr. Warde um zehn. Wenn der Arzt und der Pfarrer beide gehen, nehme ich an, ist mit allem ein Ende."

„Mein Gott! Und ich muss ihm etwas äußerst Wichtiges mitteilen!" rief Herr Haveloc aus . „Ah, Junge! Es ist klug von dir, es bis zuletzt zu lassen", sagte Mr. Casement.

„Mein Gott! Als ich weg war – als ich es vorher nicht wusste. Es betrifft seine Nichte –"

„Oh! Etwas Geschwätz über Miss Peggy , das dürfen Sie mir erzählen. Ich bin zu einem ihrer Vormunde ernannt worden."

Mr. Haveloc wandte sich abrupt ab, blieb am Bett stehen und beobachtete Mr. Gray mit gespanntem Interesse. Schließlich hielt er es für durchaus möglich, dass Margaret alles mit ihrem Onkel geklärt hatte, bevor sie ihm schrieb.

„Wusste Ihr Onkel von dem Entschluss, den Sie mir in Ihrem gestrigen Brief mitgeteilt haben?" fragte er kalt.

„Still! Nein. Sprich nicht mit ihm." sagte Margaret und schreckte erschrocken zurück.

Er seufzte und entfernte sich ein wenig von ihrem Stuhl. Mr. Casement näherte sich dem Bett und sah, dass alles bald vorbei sein würde. Margaret saß wie gelähmt vor Angst da und beobachtete den eigentümlichen und ernsten Gesichtsausdruck, der zeigt, dass die Seele noch wach ist und darauf wartet, befreit zu werden, wenn die Sinne versiegelt sind. Und es ist schrecklich und erhaben zugleich, wenn keine Pause oder kein Aufhören des Bewusstseins stattfindet und der Geist ohne eine Pause des Schlafes von einer Existenz zur anderen wechselt.

„Komm, kleine Frau – komm weg." sagte Mr. Casement, ergriff ihre Hand und hob sie von ihrem Stuhl hoch, „Sie können nichts mehr tun. Er wird nie wieder jemanden sehen oder kennen."

Sie hatte keine Kraft, Widerstand zu leisten; sie hätte sich nichts widersetzt. Sie ließ zu, dass er sie schweigend aus dem Zimmer führte; und so blieb der letzte schreckliche Moment verschont, in dem der Geist aus seiner menschlichen Behausung verschwindet.

Kapitel XVII.

Bleibt von all
der Liebe, die wir einander empfanden, nur noch der Abschied übrig? Ist es
leicht, Vertrauen und Glauben zu brechen? Sind all die Geschichten von
der Beständigkeit, die das Herz höher schlagen lassen, bloße Fabeln? –
Dann ist es tatsächlich an der Zeit, Lebe wohl!
ANON.

Am nächsten Morgen kam Herr Warde früh nach Ashdale , und als er
feststellte, dass alles vorbei war, nahm er Margaret mit nach Hause ins
Pfarrhaus.

Sie hatte die ganze Nacht wach gesessen und war aufgrund des Fastens und
des Schlafmangels völlig erschöpft.

Mrs. Somerton und Blanche waren im Pfarrhaus und beide waren sehr
freundlich zu Margaret. Tatsächlich sind viele Frauen, deren allgemeines
Verhalten keinen großen Respekt verdient, bereit, anderen unter
tatsächlichem Leid Freundlichkeit zu erweisen.

Mrs. Somerton bestand darauf, dass Margaret sofort zu Bett ging, und
Blanche brachte Tee an ihr Bett, sobald sie sich ausgezogen hatte. Sie blieb
einige Tage lang im Bett. Alles, was sie in letzter Zeit durchgemacht hatte,
machte sie völlig nervös; Und als sie endlich den Versuch machte,
aufzustehen, zitterten ihre Glieder so sehr, dass sie nur mit größter Mühe die
Treppe hinuntersteigen konnte; und dort saß sie jeden Tag einige Stunden in
einem Sessel und war nicht in der Lage, die Ermüdung des Sprechens oder
auch nur des Zuhörens des Geschehens zu ertragen.

Als Mr. Greys Testament verlesen wurde, stellte sich heraus, dass er seinen
Nachlass seinem Cousin, Mr. Trevor vom Dienst der East India Company,
vermachte; eine Rente für einen oder zwei Bedienstete; und ein Vermächtnis
von zehntausend Pfund an seine Nichte Margaret Capel. Margaret war sehr
betroffen, als Mr. Warde ihr diese Neuigkeit erzählte; sie wiederholte immer
wieder, wie freundlich es von ihrem Onkel gewesen sei, ihr dieses Geld
hinterlassen zu haben; eine Eigenschaft, die Mr. Warde sehr gefiel , denn er
befürchtete, sie wäre sehr enttäuscht darüber gewesen, dass ihr Onkel ihr
nicht den Großteil seines Besitzes hinterlassen hatte. Viele Menschen waren
jedoch freundlicherweise bereit, von ihr enttäuscht zu sein; und zu sagen,
dass es für Mr. Grey eine Schande sei, sie auf diese Weise zu behandeln und
ihr zehntausend Pfund abzusprechen, nachdem er sie bei sich hatte leben
lassen; und dass alte Leute nie wussten, wie sie ihr Geld hinterlassen sollten,
um ihren Verwandten Befriedigung zu verschaffen; was wahr genug ist.

Niemand wusste, dass es Margarets eigene Schuld war; dass sie im Geheimnis steckte und dass ein Wort von ihr nach ihrem Bruch mit Herrn Haveloc dazu geführt hätte, dass ihr Onkel sein Testament geändert und sein gesamtes Eigentum auf sie übertragen hätte; aber ihr einziges Ziel war es, ihm die Kenntnis eines Ereignisses zu ersparen, das ihm Schmerzen bereiten würde; Sie dachte nie daran, sein Vermögen zu sichern. Mr. Warde erzählte ihr, dass er und Mr. Casement zu ihren Vormunden ernannt wurden, bis sie heiratete oder volljährig wurde; und dass er glaubte, ihr bester Plan sei es, bei einer Dame zu wohnen, die ihr vielleicht ein behagliches Zuhause bieten könne, und er wolle von der Vereinbarung profitieren; dass eine solche Person leicht zu finden sei, er aber darauf vertraute, dass sie vorerst im Pfarrhaus bleiben würde; damit sie sich in aller Ruhe umschauen und den Wohnsitz auswählen können, der ihnen die meisten Vorteile bieten soll. Margaret dankte ihm sehr für seine Freundlichkeit; Für die Zukunft empfand sie eine Art vage Gleichgültigkeit. Sie stimmte sofort seinen Plänen zu und verschwendete kaum einen weiteren Gedanken an ihre Aussichten.

Blanche Somerton, die bis nach der Beerdigung von Mr. Grey überaus freundlich und sogar zart in ihren Aufmerksamkeiten gewesen war, begann nun zu denken, dass Margarets träge Trauer etwas fehl am Platz war. Sie war eine von vielen, die denken, dass jedes Bedauern völlig nutzlos und unsinnig sei, sobald die Toten begraben seien. Ihre eigenen Gefühle waren stürmisch und kurz; und sie fühlte gutmütig, dass es höchste Zeit war, Margarets Stimmung aufzuheitern.

„Ich erkläre, ich beneide dich um alles;" sagte sie eines Morgens: „Mit zwanzigtausend Pfund kannst du sicherlich eine sehr gute Partie machen. Aber es hängt alles davon ab, wo Onkel Warde dich unterbringt; befolge meinen Rat und geh nicht zu einem Methodisten. Ich würde eine Witwe in Bath bekommen, oder Cheltenham, um mich mitzunehmen, wenn ich du wäre. Du könntest in Bath etwas sehr Vorteilhaftes finden; ich denke, besser als in London. Es gibt so viel Konkurrenz; obwohl du auf jeden Fall sehr hübsch bist – nicht, dass ich dich in Trauer mag. "

Hier begann Margaret, die träge in einem Sessel lag, sozusagen heimlich zu weinen und wischte sich leise mit ihrem Taschentuch die Augen.

„Oh, meine Liebe, deine Stimmung ist schlecht", rief Blanche. „Sie haben keine Ahnung, wie betrübt es mich macht, Sie zu sehen. Sie sollten wirklich rausgehen und sich amüsieren; wir haben alle unsere Probleme, das versichere ich Ihnen. Manchmal fällt es mir sehr schwer, sie zu ertragen."

„Ja, ich wäre in der Tat egoistisch, wenn ich denken würde, dass ich die einzige Person bin, die davon betroffen ist", sagte Margaret. „Es tut mir sehr leid zu hören, dass Sie einen unmittelbaren Grund zur Sorge haben."

Hier erschien Mr. Warde an der Tür; Er gab Blanche ein Zeichen, und nach ein paar geflüsterten Worten nickte die junge Dame und ging die Treppe hinauf . Dann kam Mr. Warde auf Margaret zu und setzte sich neben sie.

„Meine Liebe", sagte er, „Mr. Haveloc möchte Sie sehen."

Margarets Herz schlug so wild, dass sie kaum atmen konnte.

„Ich dachte, da er ein enger Freund Ihres Onkels war, sollte ich Sie besser auf seinen Besuch vorbereiten", sagte Mr. Warde . „Ich befürchtete, Sie würden aufgeregt sein, wenn er ohne Ankündigung hereinkäme."

„Muss ich ihn sehen?" fragte Margaret, sobald sie ein Wort sagen konnte.

„Auf jeden Fall nicht, wenn Sie das Gefühl haben, dass der Aufwand zu groß wäre", sagte Herr Warde . „Er schien sehr darauf bedacht zu sein, Ihnen seine Aufwartung zu machen, bevor er den Ort verließ. Ich verstehe, dass er die Absicht hat, für einige Jahre ins Ausland zu gehen; und ich nehme an, dass er, da er Sie häufig bei Ihrem Onkel getroffen hat, das Land nicht ohne verlassen wollte Ich verabschiede mich von Ihnen. Aber überanstrengen Sie sich auf keinen Fall. Ich werde ihm eine Nachricht überbringen, wenn Sie sich auch nur im Geringsten unfähig fühlen, ihn zu sehen."

Margaret legte ihre Hand auf Mr. Wardes Arm, als wollte sie ihn zurückhalten. Alles schien sich zu drehen; sie konnte seine letzten Worte nicht deutlich hören; Es gab ein Geräusch und ein Schwindelgefühl in ihrem Gehirn. Ins Ausland gehen! Dann war alles vorbei; Er war genauso entschlossen wie sie selbst, ihre Verlobung aufzulösen. Sie hätte sich ein wenig Zurückhaltung, ein wenig Zögern gewünscht; vielleicht eine kleine Bitte. Aber das war gut. Sie konnte jetzt stolz sein – keine Schwäche.

"Ist er hier?" sie fragte Mr. Warde .

„Ja, ich warte in meinem Arbeitszimmer."

„Dann lass ihn direkt kommen", sagte sie, „direkt; weil ich jetzt nicht in der Stimmung bin, zu weinen, und weil ich in einer halben Stunde nicht für mich selbst antworten könnte."

Mr. Warde drückte ihr die Hand und machte sich auf die Suche nach Mr. Haveloc .

Margaret hörte seinen Schritt mit einem Übelkeit erregenden Herzen, das sie nicht unterdrücken konnte: Er kam herein – verneigte sich, nahm in einiger Entfernung Platz; Dann stand er auf, rückte seinen Stuhl näher heran und setzte sich neben sie.

Sie schwiegen beide, Margaret kämpfte mit ihren Tränen. Mr. Haveloc schaut auf den Boden und ist völlig unsicher, wie er anfangen soll.

Aber nach einer kurzen Pause, in der sie die Armlehne ihres Stuhls fester umklammerte, unterdrückte Margaret ihre Tränen und sagte mit leiser Stimme: „Wir haben beide so viel verloren, und zwar in so letzter Zeit, Herr Haveloc , dass wir es verlieren." Es fällt mir nicht leicht, darauf hinzuweisen.

Sie hatte ihn noch nie so blass oder so elend gesehen, und sie hatte das Gefühl, dass sie ihm alles verziehen hatte, obwohl sie sehr gegen dieses Gefühl ankämpfte. Unbewusst wurde ihre Stimme sanfter und ihr Gesichtsausdruck spiegelte das Mitgefühl wider, das sie empfand. Aber ihre Begleiterin, die über ihre Ablehnung ebenso beleidigt wie betrübt war, hatte nicht die Fähigkeit, diese Zeichen einer nachlassenden Entschlossenheit zu erkennen.

„Ich habe Sie nicht mit dieser Absicht bedrängt", sagte er. „Ich musste Ihnen etwas erklären, was mir große Sorgen bereitet, für das ich aber kein Heilmittel finden kann."

Margaret beugte sich mit großer Besorgnis vor, Mr. Haveloc ging mit zunehmender Kälte vor.

„Als ich Grund zu der Annahme hatte, dass Sie vorhatten, mich mit Ihrer Hand zu ehren , bat ich Mr. Gray, seinen Nachlass seinem nächsten Erben zu übertragen, da ich dachte, ich hätte mehr als genug für alle unsere Wünsche; und ich gestehe, dass es so ist Es erfreute meinen Stolz, mir vorzustellen, dass die Frau, die ich liebte, allein durch meine Mittel von allen Luxusgütern und Vornehmheiten des Lebens umgeben sein sollte.

„Ich weiß", sagte Margaret. „ Er hat mir erzählt, was getan wurde. Ich war froh darüber. Ich kann mir nicht vorstellen, warum dich das ärgern sollte."

„Es schmerzt mich, wenn ich mich selbst als Schuldigen betrachte, der Sie eines edlen Vermögens beraubt hat", sagte Herr Haveloc , „ein Vermögen, von dem ich einst vergeblich dachte, ich hätte es Ihnen zurückerstatten können. Aber ich war mir nicht bewusst, dass Sie." Ich wusste das, und ich fürchtete, Sie würden Ihren Onkel für launisch oder unfreundlich halten, anstatt die Tat auf mein unüberlegtes Vertrauen – auf die Zukunft – zurückzuführen.

„Sie haben völlig richtig gehandelt, Herr Haveloc ", sagte Margaret. „Ich habe es mir damals gewünscht, und ich bin nicht mehr geneigt, es jetzt abzulehnen. Mr. Trevor ist ein würdiger Mann mit einer jungen Familie. Er wird sein Erbe wertschätzen; und ich vertraue nur darauf, dass er das Andenken meines Onkels ebenso herzlich in Ehren halten wird wie." Das werde ich jemals tun. Gerade am Ende fiel es ihr schwer, ihre Stimme ganz ruhig zu halten; aber sie machte eine kleine Pause und hatte Erfolg.

„Da Sie sich nicht dazu herabgelassen haben, mir Ihre Absichtsänderung zu erklären", sagte Herr Haveloc . „Ich bin nicht in der Lage, mich zu verteidigen oder für das zu plädieren, was mir in Wahrheit sehr am Herzen liegt. Es gibt tatsächlich eine Passage in meinem Leben, auf die sich Ihre Motive möglicherweise beziehen; in diesem Fall ich sollte, das gestehe ich, wehrlos bleiben . Ich kann die Vergangenheit nicht ungeschehen machen!"

„Ich weiß es", sagte Margaret hastig; „Es würde mir leid tun, wenn – ich meine, ich möchte ganz vergessen – das alles – ich meine, dass wir jemals zu anderen Bedingungen gestanden haben als –"

„Ich habe keinen Zweifel daran, dass Ihnen das vollkommen gelingen wird", sagte Herr Haveloc und erhob sich während seiner Rede von seinem Stuhl.

In der Bemerkung lag ein Anflug von Ironie, der sie zutiefst verletzte. Als alles, was sie durchgemacht hatte und noch ertragen musste, vor ihr lag, war es unerträglich, wenn ihr gesagt wurde, dass es ihr leicht fallen würde, die Vergangenheit zu vergessen. Ihr Herz schwoll an, aber in einer Frau steckt viel Ausdauer; wie viele Leute wissen, denn sie haben es einer ziemlich guten Prüfung unterzogen.

Der ganze Stolz auf ihr Wesen war geweckt.

„Ich glaube, Sie haben nichts mehr zu sagen", sagte sie und richtete sich auf.

„Ich könnte tausend Dinge sagen", rief er mit einer leidenschaftlichen Veränderung seines Verhaltens; „Wenn ich dachte, Sie hätten die Geduld, mir zuzuhören. Aber Sie kümmern sich nicht um meine Gedanken; und vielleicht verdiene ich nur wenig Rücksichtnahme. Immer noch von Ihnen – aber diese Stürme kommen immer von der Seite, auf die wir am wenigsten vorbereitet sind. Von Ihnen Ich weiß kaum, was du tust, wenn du mich verwirfst. Aber ich hoffe, ich bin nicht so sehr der Sklave der Umstände, als dass ich durch das Unglück leichtsinnig gemacht werde. Und du, Margaret, ist es – bei all den Chancen der Zukunft – ist es wahrscheinlich, dass das der Fall ist irgendein Mann wird dich so lieben wie ich?"

„Herr Haveloc !" sagte Margaret, noch beleidigter.

„Und dieser unglückliche Will!" Er fuhr fort: „Ich leide mehr unter diesem Thema, als Sie glauben würden, wenn ich es beschreiben würde: Eines Tages werden Sie das auf meine anderen Straftaten zurückführen – wenn Sie sich dann tatsächlich an meinen Namen erinnern können."

„Du tust mir in Gedanken großes Unrecht", sagte Margaret. „Wenn es für Sie eine Erleichterung sein soll, möchte ich Ihnen noch einmal versichern, dass es in dem ganzen Kapitel über Unfälle nichts gibt, was mir so wenig Sorgen bereiten könnte. Ich bin nicht dazu berufen, Armut zu ertragen, erinnern Sie sich."

„Dann", sagte Herr Haveloc , „müssen wir uns nur noch trennen. Wie schwer es für mich ist, keine Worte könnten es sagen – aber die Dinge, die unvermeidlich sind, sollten am besten schnell erledigt werden. Also – lebe wohl."

Ohne ein weiteres Wort, einen Blick oder eine Geste stürzte er aus dem Zimmer und aus dem Haus.

Margaret saß einige Zeit da und versuchte, sich an alles zu erinnern, was er gesagt hatte. Er hatte sie nicht um Verzeihung gebeten – er hatte lediglich gesagt, dass er die Vergangenheit nicht ungeschehen machen könne; Er hatte sie nicht, wie er es hätte tun können, darum gebettelt, ihm Zeit und Gelegenheit zu geben, es zurückzuholen. Es hatte den Anschein gemacht, dass er bereit war, sogar darauf bedacht, freigelassen zu werden. Er hatte Vorkehrungen getroffen, bevor er sie sah, was bewies, dass er beschlossen hatte, dass dies ihr letztes Treffen sein sollte. Sie war tot – und deshalb hätte er vielleicht versucht , zu Margaret zurückzukehren, wenn er eine Versöhnung gewollt hätte. Aber nein – sie hatte ihn beleidigt, und er war zu stolz, es sich zu wünschen. Margaret versuchte zu glauben, dass es für beide das Beste sei; aber ein Gefühl der Qual, das fast dem Ersticken gleichkam, ließ es nicht zu. Wenn sie hätte weinen können – aber es kamen keine Tränen – so lag sie hilflos in ihrem Stuhl und sah zu, wie der Ebenholzschrank, der ihr gegenüber stand, zunächst immer weiter zurückwich und dann vor ihren Augen zu schweben schien, bis Sinne und Erinnerung gleichzeitig verschwanden und sie fiel in tiefe Ohnmacht.

Es dauerte einige Zeit, bis Blanche, die herunterkam, sobald Mr. Haveloc das Haus verließ , Margaret wieder zu Bewusstsein bringen konnte. Als es ihr gelang, war sie voller Beileid.

„Was für eine Langeweile war es, mein liebes Geschöpf", sagte sie, „dass du diesen schrecklichen Mann hättest aufnehmen müssen. Wäre es jemand anders gewesen, hätte es dir vielleicht alles Gute auf der Welt gebracht; denn du hättest es vielleicht getan." Hatte einen netten kleinen Flirt, um die Stimmung zu heben. Aber was ihn betrifft – ich hasse ihn; seine Manieren sind so schroff. Natürlich fing er an, über den armen, lieben Mr. Grey zu reden. So schlecht .

„Er hat von meinem Onkel gesprochen", sagte Margaret.

"Ich wusste es!" rief Blanche aus. „Das war's. Ich wünschte, es gäbe einen netten kleinen Tanz, zu dem du gehen könntest, oder ein Konzert – aber dieser Ort ist eine perfekte Einsiedelei; und deine Trauer wäre auch ein Nachteil. Wie wunderschön du bei Bessy Gages Hochzeit gekleidet warst. Du Hatte ein Büschel rosa Gänseblümchen an der Seite Ihrer Haube. Das passte hervorragend ! Ich hätte Sherleigh zuliebe selbst fast den alten Sir

Philip geheiratet . Ich sage, hat Hubert Gage Ihnen jemals ein Angebot gemacht?"

Margaret errötete, doch ihr Erstaunen hielt sie zum Schweigen.

„ Alle sagen, dass er es getan hat", fuhr Blanche fort, „und es wundert mich nicht, dass Sie ihn abgelehnt haben. Ich hasse jüngere Söhne. Mama wollte einst, dass ich ihn heirate, aber ich lehnte ab. Ich wünschte jetzt fast, ich hätte ihn behalten." an, nur um jemand anderen zu ärgern. Magst du Militärs?"

"NEIN." sagte Margaret.

„Nun, das wundert mich", sagte Blanche. „Ich glaube, ich könnte Sie dazu bringen, Ihre Meinung zu ändern. Haben Sie zufällig bemerkt, dass ich gestern vor dem Abendessen mit einem jungen Mann im Garten spazierte?"

„Nein, ich war oben ", sagte Margaret schwach.

„Nun – wenn du es schaffst, morgen rauszugehen – denkst du, dass du es könntest?"

„Nein, ich bin mir sicher, dass ich das nicht konnte."

„Das ist schade, denn ich treffe ihn oft auf der Straße. Du hättest so viel Spaß mit ihm. Er ist so temperamentvoll, und ich sollte nicht eifersüchtig sein, nein – Watkins gehört ganz mir."

Zu einem anderen Zeitpunkt hätte Margaret über diese Erklärung gelacht; Jetzt seufzte sie schwer und sank in ihren Stuhl zurück.

„Sie sind ziemlich erschöpft von diesem armen Herrn Haveloc ; es war genau wie mein Onkel, ihn aufzunehmen. Gott sei Dank geht er jedoch direkt nach Russland und wird Sie nicht noch einmal langweilen. Aber hier kommt mein Onkel; kein Wort darüber Watkins, flehe ich. Wir halten es vor ihm geheim, aber ich werde dafür sorgen, dass du im Weg bist, wenn er das nächste Mal ins Haus kommt."

„Ich gehe bitte die Treppe hinauf und lege mich hin", sagte Margaret und versuchte aufzustehen. "Ich bin nicht sehr gut."

Blanche half Margaret die Treppe hinauf und sie erlitt erneut einen Krankheitsanfall, der sie erneut für einige Tage ans Bett fesselte.

Kapitel XVIII.

Wie langsam vergehen die Stunden ihrer Zahl,
Wie langsam bewegt sich die traurige Zeit in ihren Federn!
SPENDER.
Mathildens Hertz hat niemanden noch ergründet –
Doch , große Seelen dulden noch.
DON KARLOS.

Mrs. Somerton hatte freundlicherweise angeboten, die Obhut für Margaret zu übernehmen und sie wie eine ihrer eigenen Töchter zu behandeln, sobald sie die Einzelheiten von Margarets Situation erfahren hätte.

Aber Mr. Warde nahm den Vorschlag nicht mit dem Eifer auf, den er vielleicht verdient hätte. Vielleicht dachte er, wenn Margaret nicht besser behandelt würde als Mrs. Somertons Töchter, wäre ihr Leben nicht nur Sonnenschein; vielleicht fürchtete er, dass die Dame ihr Versprechen nicht gewissenhaft einlösen würde; Auf jeden Fall teilte er seiner Schwester entschieden mit, dass er beabsichtige, Margarete bei einer Dame unterzubringen, die keine Kinder hatte; denn er hielt es für schwierig, wenn nicht unmöglich, dass jemand anders den Ansprüchen ihrer Töchter und ihres Gastes gerecht werden würde. Mrs. Somerton versuchte, diesen Punkt zu argumentieren, aber Mr. Warde blieb standhaft und schrieb an ein oder zwei Freunde, in denen er beschrieb, welche Art von Zuhause er sich für Margaret wünschte.

Blanche war so sehr mit ihrem Militärfreund, ihrem Watkins, wie sie ihn nannte, beschäftigt, dass Margaret sie weniger als zuvor sah. Sie ging in alle Richtungen hinaus in der Hoffnung, ihn zu treffen, sie blieb den ganzen Tag zu Hause, wenn sie glaubte, dass er vorbeikommen würde; Sie gab sich große Mühe, etwas zu fangen, was viele Leute für nicht fangwürdig erklärt hätten – ihr Watkins war unwissend, verschwenderisch und albern; und zum großen Glück für Blanche verhielt er sich ihr gegenüber wie die meisten anderen Offiziere; das heißt, er ging eines schönen Morgens mit seinem Regiment davon, ohne sich auch nur von seiner Geliebten zu verabschieden. Margaret wusste nichts von diesem belastenden Ereignis, als sie zur Familie zurückkehrte – sie hatte Blanche seit ein oder zwei Tagen nicht gesehen und fand sie nun auf dem Sofa liegend, wo sie, wie Mrs. Somerton ihr erzählte, an einem Nervenanfall litt. „Das ist hart für Sie, Mrs. Somerton", sagte Margaret, „zwei Invaliden zu haben. Ich muss mich beeilen und gesund werden, um Sie von einem Teil Ihrer Verantwortung zu entbinden."

„Ich bin sicher, meine liebe Miss Capel", sagte Mrs. Somerton, „kein Invalider hat jemals so wenig Ärger gemacht wie Sie. Ich wünschte nur, Blanche würde Ihre Geduld nachahmen."

Margaret stellte einen niedrigen Stuhl an das Sofa und nahm ihre Arbeit entgegen; „Leiden Sie in Ihrem Kopf?" fragte sie Blanche mit sanfter Stimme.

„Nein, nicht viel; ich bin froh, dass du heruntergekommen bist", sagte sie. „Es wird jemand sein , mit dem man reden kann; das ist ein sehr hübsches Muster für einen einfachen Kragen. Ich mag die schwarzen Nieten vorne. Tanzen Sie Walzer?" Aber hier überkam sie die Erinnerung daran, mit Lieutenant Watkins einen Walzertanz gemacht zu haben, und sie wurde ziemlich hysterisch. Mrs. Somerton schimpfte mit ihr, Blanche wurde wütend und dann war die Ordnung wiederhergestellt. Mrs. Somerton führte Margaret ans Fenster und flüsterte ihr den Sachstand zu, und dann rief Blanche ihr „Mutter" zu und schalt sie, weil sie es Margaret erzählt hatte, obwohl sie ihr selbst alles darüber erzählen wollte. Margaret blickte voller Staunen von einem zum anderen und konnte kaum begreifen, dass Blanche unter einer Enttäuschung litt; Sie kontrastierte die völlige Verzweiflung ihrer eigenen Gefühle mit der leichtfertigen Verärgerung, die der andere zu ertragen schien, und konnte nichts von dem Fall verstehen.

Es herrschte wieder Ruhe. Mrs. Somerton verrichtete ihr Bestes. Schweigend netzte Margaret ein. Blanche, die auf dem Sofa lag , aß französische Schokolade. Plötzlich begann Mrs. Somerton laut die Maschen in der Weintraube zu zählen, an der sie arbeitete: „sechsunddreißig, siebenunddreißig, achtunddreißig, neununddreißig."

Ein lauter Schrei von Blanche, lauter als alles, was Margaret je gehört hatte, außer von einem Baby; Mrs. Somerton hatte versehentlich die Nummer von Mr. Watkins' Regiment genannt.

Das erneute Schimpfen, das erneute Schluchzen und schließlich ein Glas flüchtiges Salz beruhigten ihre Stimmung für den Moment.

Man muss zugeben, dass solche Szenen für ein junges Mädchen mit schlechter Gesundheit, das zutiefst unter der Realität litt, von der dies nur ein Schatten war, ziemlich ermüdend waren.

Sie lernte jedoch, einen gewissen Wert auf ihre eigene Selbstbeherrschung zu legen. Sie konnte sich des Gefühls nicht erwehren, dass Blanches ungezügelter Kummer an Würde verlor, was er an Öffentlichkeit gewann.

Mason wusste alles darüber; und oft mit Mitleid auf die arme Miss Somerton angespielt; und an Mr. Watkins mit all der Gewalt, die eine Kellnerin mit ziemlicher Sicherheit gegenüber einem Mann empfinden muss, der eine junge Dame in ihren lobenswerten Bemühungen, zu heiraten, vereitelt hat.

Nach zwei oder drei Tagen stellte Margaret mit Freude fest, dass Blanche ohne einen Seufzer über Walzer sprechen konnte; und ihre Mama konnte getrost die Fäden von dreißig bis vierzig zählen, ohne peinliche Gedanken zu erwecken.

Doch es kam zu einem weiteren Ärgernis für die arme Margaret. Wann immer sie mit Blanche allein war, was den größten Teil des Tages ausmachte, war Mr. Watkins das einzige Gesprächsthema.

Als sie alles über seine Stiefel und seine Augen und seine Art, ein Huhn zu schnitzen, und seine Verschwendung bei Handschuhen gehört hatte (ein großes Verdienst in den Augen von Blanche), hoffte sie natürlich, dass damit ein Ende gekommen sei Liste; aber es ist ziemlich überraschend, wie viele kleine Anekdoten dieser Herr lieferte. Es gab alle seine Witze zu wiederholen; und diese waren so überaus dumm, dass sie Margaret manchmal wirklich zum Lächeln brachten. Und dann gab es mehrere Geschichten über unehrliche Taten, über die sie lachen sollte, was sie aber aus Ekel nicht konnte.

Einmal hatte er einen Juden aufgenommen; das war sein Meisterwerk ; und zweimal hatte er einen Freund beim Verkauf eines Pferdes betrogen; und Blanche meinte, dass dies seine Verdienste und ihren Verlust erheblich steigerte.

Als sie den letzten Diebstahl erwähnte, waren ihr die Tränen gekommen; aber sie erholte sich bald und wandte das Gespräch einem Satin-Pelisse zu, das sie kaufen wollte. Tatsächlich teilten Zukunft und Vergangenheit ihre Gedanken zu gleichen Teilen. Der Verlust von Mr. Watkins und die Zusammenstellung ihrer Kleider für den Herbst.

„Wissen Sie, als der arme Watkins das letzte Mal anrief, war er so betrunken!“ rief Blanche. „Ich hatte Angst, mein Onkel hätte es bemerkt; aber glücklicherweise kam er nur für ein paar Minuten herein, denn Watkins blieb zum Mittagessen. Ich werde nie vergessen, wie er versuchte, das kalte Lamm zu tranchieren.“

„Dann war das der Grund“, sagte Margaret zögernd, „dass du mit ihm gebrochen hast.“

„Gnade mein, meine Liebe! Wo bist du aufgewachsen?“ rief Blanche lachend. „Was! Mit einem Mann Schluss machen, weil er ein wenig betrunken war? Ich nicht, glaub mir!“

Margaret fand in Miss Somerton viele Dinge, die sie in Erstaunen versetzten; aber sie war über diese Bemerkung etwas erschrockener als sonst.

Sie dachte an den Ekel, den sie empfunden hätte, wenn sie Mr. Haveloc jemals betrunken gesehen hätte. Sie betrachtete Blanches Bindung als eine Art natürliches Phänomen.

Mr. Watkins hielt etwa vierzehn Tage durch; Während dieser Zeit konnte sehr wenig gesagt oder getan werden, ohne Blanche eine kleine Anekdote über diesen Herrn anzudeuten; und da diese Geschichten im Allgemeinen dazu neigten, entweder einen Mangel oder ein positives Laster dieser treulosen Person aufzuzeigen; Manchmal stellte Margaret seine Rechtschreibung und manchmal seine Moral in Frage und verspürte oft den Wunsch, das Thema aus großer Schande umzudrehen. Aber Blanche teilte ihr mit, dass es ein Trost sei, über ihn zu sprechen, und dass sie ihr diesen Trost vernünftigerweise nicht verweigern könne.

Am Ende der vierzehn Tage gab Blanche gegenüber Mrs. Somerton zu, dass „Watkins" eine rote Nase hatte. Dieser Punkt war in den letzten vierzehn Tagen zwischen Mutter und Tochter heftig umstritten gewesen; denn Mrs. Somerton hielt es für ihre Pflicht, einen Mann abzuwerten, der es versäumt hatte, ihrer Tochter ein Angebot zu machen; und Blanche verteidigte ihn energisch gegen einen Vorwurf, den sein ausgeprägtes Talent zum Trinken zumindest wahrscheinlich machte.

Die Ursache dieser Änderung wurde sehr bald erklärt. Blanche hatte einen anderen Offizier gefunden. Sie war ihm im Haus eines Freundes vorgestellt worden und es gelang ihr sehr bald, ihn ins Pfarrhaus zu bringen.

Wenn er nichts auf der Welt zu tun hatte, war es lustig genug, einen Vormittag damit zu verbringen und mit Blanche zu flirten. Das war für Margaret schlimmer als der andere Ärger.

Es war schlimm genug, ständig von dem abwesenden Liebhaber zu hören; aber jetzt musste man in seiner Abwesenheit nicht nur den ganzen Tag von ihm hören, sondern auch seine Anwesenheit mindestens drei Tage in der Woche ertragen. Und Blanche würde darauf bestehen, dass Margaret ihr Gesellschaft leistet.

„Lauf nicht weg, mein liebstes Geschöpf", sagte sie; „Es sieht so seltsam aus; es scheint wirklich so, als hättest du gedacht, der Mann wollte mir einen Heiratsantrag machen."

Margaret hatte begonnen , ihre Spaziergänge im hübschen Garten und auf den ruhigen Wiesen des Pfarrhauses zu genießen. Es war ein heller, frischer Oktober. Sie war sich der Schönheiten des Landes stets bewusst; Aber wie konnte sie die moosbewachsenen Spaziergänge und die hohen, raschelnden Bäume genießen , während sie ständig Angst davor hatte, von diesem lästigen Mr. Compton begleitet zu werden? Und wenn sie dann saß, würde Blanche darauf bestehen, auch zu sitzen. Wenn sie sagte, dass ihr kalt sei und sie wieder zu laufen begann, sprangen Blanche und ihr Kavalier auf, und alle drei machten sich gemeinsam auf den Weg.

Und dieser Mr. Compton litt unter den grenzenlossten und unkultiviertesten Geistern. Sein Lachen war ein Schrei. Er sprang in die Luft wie ein Hirsch; er würde ins Gras fallen, um seiner Heiterkeit freien Lauf zu lassen; Er redete ununterbrochen und immer den ausschweifendsten Unsinn. Er übte mit Blanche Tänze, während die arme Margaret ihnen vorspielte; und dann kam es bei jedem Fehler zu neuen Lachanfällen, die ihn dazu brachten, durch das Zimmer zu stampfen, bis das Gelächter verstummte.

Margaret hielt ihn zunächst für verrückt und hatte große Angst vor ihm; aber sie stellte später fest, dass er nur albern war; Das ist eine viel mildere Form des Wahnsinns. Tatsächlich war er viel dümmer als sein Vorgänger; denn zu gegebener Zeit gelang es Blanche, seine Hand zu erhalten und wurde Mrs. Compton, ob es ihm gefiel oder nicht; aber das geschah, nachdem Margaret sie verlassen hatte. Vielleicht hätte Margaret ihn fröhlicher ertragen, wenn sie das Ende seiner Besuche hätte vorhersehen können. Es wäre in der Tat unfreundlich gewesen, über die langweiligen Stunden zu murren, die er im Pfarrhaus verbrachte, was für Blanche eine so große Freude und für ihre Mutter eine so angenehme Berechnung darstellte.

„Hat er keine Augen!" rief Blanche aus, als sich nach einem zweistündigen Walzer die Tür vor ihm schloss.

Pianistin amtiert hatte) gab zu, dass er diese Eigenschaft im Plural besaß, und kniete vor dem Feuer nieder, um ihre Hände zu wärmen.

„Ich habe festgestellt", sagte Mrs. Somerton und blickte von ihrer Kammgarnarbeit auf, „dass er der Sohn von Mr. Compton aus Lincolnshire *ist* – zwar der zweite Sohn, aber ich verstehe, dass das Vermögen der Mutter auf ihn übergeht; Wenn das der Fall ist, kann es sein, aber ich werde an Mrs. Stacey schreiben, sie weiß alles über die Comptons . Sie wissen, dass er erwähnt hat, dass Mrs. Stacey bei seinem Vater gewohnt hat.

„Ich weiß", sagte Blanche, „und wie er über ihren blauen Gazeturban gelacht hat ! – ich dachte, er wäre gestorben."

Das tat auch Margaret; obwohl sie dieses Ereignis nicht mit der Bestürzung betrachtete, dass es in Blanches Geist erwachen könnte.

„Nur", fuhr Mrs. Somerton fort, „gehen Sie nicht zu weit, bis wir von Mrs. Stacey hören; er hat vielleicht nichts."

„Ich wage zu sagen", erwiderte Blanche, „ich werde so weit gehen, wie ich will. Ich weiß, dass er Eigentum hat, und es ist mir egal, ob es von seiner Mutter oder vom Mond stammt. Er hat gestern was gesagt." Jahr war es, als er erwachsen wurde. Weißt du nicht, Margaret, wie er darüber lachte, dass sein ältester Bruder zuerst erwachsen wurde, und dann über sein Erwachsenwerden , und sagte, dass es nicht jede Familie sei, aus der zwei

Brüder kämen Alter? Natürlich wird niemand erwachsen, wenn er nichts zu verdienen hat."

„Sicherlich ist da etwas dran", sagte Mrs. Somerton und nahm ihre schlechteste Arbeit wieder auf: Während Margaret sich der interessanten Tatsache bewusst wurde, dass die Zeit ihre Geschäfte nur zugunsten jener verlassenen Herren und Damen einstellt, die keine Mittel zur Bestechung haben seine Verzögerung; und wirklich, sie sollten etwas haben, um eine leere Tasche auszugleichen.

Aber Mr. Compton war für Margaret von großem Nutzen, so wenig sie es auch hätte zulassen wollen. Wenn er nicht kam, erwartete Blanche ihn den ganzen Morgen; Jeder Reiter, jede Truppe, die die Landstraße entlangkam, könnte der gesuchte Gast sein. Ein breiter Kiesweg am Ende des Gartens bot einen Blick auf die Hauptstraße, und dorthin lenkte Blanche ihre Schritte und blieb vom Frühstück bis zum Mittagessen herumlungern. „Da! Das *ist* Compton – ich bin sicher, meine Liebe, ich kenne ihn aus einer Meile Entfernung; außerdem reitet er auf seinem Pferd auf einem Braunen – nicht wahr?"

„Ich erinnere mich nicht. Ja – ich glaube, es war eine Bucht, als du mich mitgenommen hast, um sie mir anzusehen", sagte Margaret.

„Nun, es sei denn, er reitet den Rappen – er hat ein sehr schönes schwarzes Pferd, von dem er glaubt, dass es eine Dame tragen würde", sagte Blanche und blickte ihren Begleiter von der Seite an.

„Aber das ist nicht Mr. Compton – es ist der Metzger", sagte Margaret mit einem Gefühl der Befriedigung.

„Oh! Stimmt – so ist es. Ich bin ziemlich kurzsichtig. Übrigens glaube ich, dass er gesagt hat, er solle heute Dienst haben. Hat er heute oder morgen gesagt?"

„Ich habe ihn nicht gehört", sagte Margaret.

„Ich glaube, es war heute; ich wünschte, er hätte nie irgendeine Pflicht gehabt!" sagte Blanche mit einem Seufzer. „Er hat sehr wenig, denke ich", sagte Margaret.

„Er holt alles raus, was er kann, da können Sie sicher sein", sagte Blanche, „da – wer ist in diesem Job? Nur Charles Hollingsworth, glaube ich! Der größte Langweiler in England; manchmal tut er so, als wäre er krank, und geht auf die Jagd.

„Wer, Herr Hollingsworth?" sagte Margaret, völlig ratlos zu wissen, warum er sich diese Mühe machen sollte.

„Nein – Compton – da ist er wirklich; lasst uns zum Tor gehen und ihn treffen."

Als er dann kam, herrschte einige Stunden lang nichts als Aufruhr und Verwirrung; Blanches Stimmung war leicht zu erregen, und sie lachte, tanzte, lief seinen Hunden durch den Garten nach, warf die Pflaumen von den Bäumen, rannte umher und warf sich gegenseitig damit, und sie wurde genauso laut wie ihr Geliebter. Mrs. Somerton sah zu und schalt die beiden sanft und spielerisch; Es war ein ziemliches Familienbild. Dieses ganze Geschrei war für Margaret nicht sehr amüsant, aber es lenkte ihre Gedanken unmerklich von sich selbst ab, sie begann sich sogar für das Spiel zu interessieren. Sie spekulierte über Blanches Erfolgsaussichten. Ihr Einsatz war nicht tief genug, um schmerzliche Angst hervorzurufen. Sie hätte Mr. Compton genauso bereut, wie sie Mr. Watkins bereut hatte; vielleicht ein paar Tage länger, denn er war eindeutig der attraktivere von beiden. Er hatte keine rote Nase, er trank nicht, er war nur dumm und verschwenderisch und sehr laut. Er behandelte Margaret mit der völligen Missachtung der üblichen Höflichkeiten, die in der Gesellschaft einer Dame entgegengebracht werden, wie man sie bei jungen Männern, insbesondere bei Offizieren, beobachten kann, wenn sie von einer anderen Frau beschäftigt sind: aber das bereitete ihr weder Sorgen noch Unmut. Sie hatte schon lange bemerkt, dass sein Kopf nicht in der Lage war, mehr als eine Idee gleichzeitig zu fassen, und da Blanche im Moment seine Idee war, war es unwahrscheinlich, dass er daran denken würde , Margaret die Tür zu öffnen oder ihren Tee abzustellen - Tasse.

Aber sie fing an, mit Sorge nach einem sesshafteren Zuhause zu blicken – die Gesellschaft hier war nicht nach ihrem Geschmack. Sie sah sehr wenig von Mr. Warde und durfte ihre Zeit nicht in seiner Bibliothek verbringen; Sie wollte immer bei Blanche und Mr. Compton sein. Sie sehnte sich nach Ruhe, nach Lernen; für ein Leben, das das ersetzen sollte, was sie verloren hatte.

KAPITEL XIX.

nicht mehr , die Schande und die Qual des bösen Tages abzuwägen . Klug
und vergesslich!
Über der Meereswelle, Erhabenheit der Hoffnung, suche ich das kleine Tal
,
in dem sich die Tugend ruhig und mit nachlässigem Schritt verirren kann;
COLERIDGE.

Margaret wurde in dieser langweiligen Zeit durch mehrere sehr freundliche
Briefe von Lady d'Eyncourt aufgeheitert . Sobald sie von Mr. Greys Tod
hörte, schrieb sie Margaret einen Brief voller tiefer Gefühle und Mitgefühl.
Sie sagte, dass sie bei ihrer Rückkehr nach England damit rechnete, dass
Margaret ihren Wohnsitz in Sherleigh beziehen würde , es sei denn, sie sei
vorher in einem eigenen Zuhause untergebracht. Sie war glücklicher, als die
meisten verheirateten Frauen es erwarten können, denn sie wurde nicht von
ihrem Vater getrennt. Kapitän Gage war jetzt mit den d'Eyncourts in Paris
und hatte zugestimmt, mit ihnen zu reisen, solange sie auf dem Kontinent
blieben. Elizabeth erwähnte in einem dieser Briefe, dass ihr Bruder Hubert
nach Südamerika gesegelt sei und dass ihr Vater sehr froh sei, ihn außer
Landes zu bringen; aber es war offensichtlich, dass sie nicht wusste, wer seine
Entscheidung beeinflusst hatte.

Margaret war über diese Nachricht erfreut. Zumindest für einige Zeit hätte
sie sich vor einem Wiedersehen mit ihm gefürchtet; und sie war froh, dass
sie durch ihren Rat etwas Gutes bewirken konnte.

Eines Morgens bat Mr. Warde Margaret, in seine Bibliothek zu kommen, da
er geschäftlich mit ihr sprechen wollte. Blanche und Mr. Compton spielten
Battledore und Federball, und es tat ihr nicht leid, ihrem lauten Vergnügen
für ein paar Minuten zu entgehen. Herr Warde erzählte ihr dann, dass er
mehrere Anfragen nach einem solchen Haus gestellt hatte, da er glaubte, dass
es für Margaret akzeptabel sein könnte; dass es ihm ziemlich schwer gefallen
sei, jemanden zu treffen, der in jeder Hinsicht zufriedenstellend sei. Aber
dass er gerade einen Brief von seinem Freund, Mr. Fletcher, erhalten hatte,
über den er seiner Meinung nach eine Überlegung wert war. Mr. Fletcher
war, soweit sie sich erinnerte, der Geistliche, an den er sich gewandt hatte,
als ihr Onkel ein Haus am Meer nehmen wollte.

Ja; Margaret erinnerte sich an den Namen. Sie atmete kurz; eines dieser
Gefühle, die man Vorahnungen nennt, überkam sie. Sie wusste genau, was
kommen würde.

„Es scheint", fuhr Mr. Warde mit einem Blick auf den Brief fort, „dass eine
Dame in seiner Nachbarschaft kürzlich ihre einzige Tochter verloren hat,

und man hat ihr dringend nahegelegt, einen Bewohner in ihrem Haus aufzunehmen; sie ist einer Gefährtin gegenüber sehr abgeneigt." im üblichen Sinne des Wortes, aber als Mr. Fletcher ihr erklärte, welche Art von Zuhause ich gerne für Sie beschaffen wollte, schien sie bereit zu sein , Sie aufzunehmen. Sie kennen die Nachbarschaft und lieben schöne Landschaften, aber ich Ich muss Sie warnen, dass diese Dame völlig ohne Gesellschaft lebt. Sie ist sehr gut vernetzt, aber sie hat sich aus der Welt zurückgezogen.

Die Welt – die ihre kurze Erfahrung so bitter gemacht hatte. Das war in der Tat ein Anreiz; und Avelines Mutter – die Idee hatte für sie eine Art seltsamen Charme.

„Ich glaube, es würde mir gefallen", stockte sie.

„Diese Dame ist eine äußerst kultivierte und intellektuelle Frau", sagte Herr Warde , „und ich denke, Sie werden den Vorteil ihrer Unterhaltung zu schätzen wissen; keine Lektion ist für einen jungen Menschen von so großem Nutzen wie der ständige Verkehr mit einem überlegenen Geist." Und ihre Prinzipien sind so, dass Sie sie zu schätzen und zu respektieren wissen.

„Lass mich zu ihr gehen", sagte Margaret.

„Können Sie sich zur Einsamkeit entschließen?" fragte Herr Warde . "Oh ja ja."

„Dann werde ich Frau Fitzpatrick schreiben und die Vereinbarung abschließen."

"Ist es möglich?" rief Blanche aus, als Margaret ihr wiederholte, was beschlossen worden war. „Ich frage mich, was mein Onkel meint, wozu Frauen bestimmt sind, nämlich hübsche Frauen. Natürlich sollten hässliche Frauen lebendig begraben werden. Aber die Idee, dich in so eine Wildnis zu schicken. Oh! Gefällt dir das? Don „Sag es mir nicht – ich werde es dir nicht glauben; wie sollst du heiraten, würde ich gerne wissen?"

„Aber ich habe nicht die Absicht zu heiraten", sagte Margaret. „Ich habe vor, Single zu bleiben."

„Das hast du nicht vor – oh! Ich verstehe", erwiderte Blanche. „Viele Mädchen sagen das; aber ich denke immer, dass es besser ist, es nicht zu lassen, aus Angst, die Männer könnten dich beim Wort nehmen."

„Ich möchte beim Wort genommen werden", sagte Margaret ruhig.

„ So sieht es wirklich aus", sagte Blanche, „wenn Sie meinen Onkel ertragen, auf diese Weise über Sie zu verfügen. Oh! Ich wollte es Ihnen sagen; mein Onkel fängt an, es merkwürdig zu finden, dass Compton so oft hierher kommt. Ich glaube." Er hatte Angst, dass du seine Anziehungskraft ausübst, und es ist seine Aufgabe, gut auf dein Geld aufzupassen, weißt du."

Margaret konnte ein Gefühl des Ekels nicht unterdrücken, aber sie versuchte so zu wirken, als ob Mr. Comptons Beharrlichkeit sie nicht sehr beleidigen würde. Blanche fuhr fort.

„Ich brachte ihn in diesem Punkt bald auf den richtigen Weg, und dann fragte er tatsächlich Mama, ob sie sich der Prinzipien von Mr. Compton ganz sicher sei. Er sagte, er hoffe, dass er keine besonderen Vorurteile gegenüber der Armee hege, aber er glaube, dass ihre Lebensweise selten sei um ihnen in jeder Nachbarschaft , in der sie untergebracht sein könnten, großen Respekt zu verschaffen. Wie ich gelacht habe!"

„Aber denken Sie denn denn nicht, dass Grundsätze von Bedeutung sind?" fragte Margaret.

„Nein, meine Liebe, natürlich nicht", erwiderte Blanche. „Ich finde Compton sehr gutaussehend, und wenn er römisch-katholisch wäre, würde es für mich keinen Unterschied machen."

Margaret hielt es nicht für sinnvoll zu erklären, dass ein Katholik möglicherweise hohe religiöse Prinzipien habe und ein Protestant überhaupt keine, also schwieg sie.

„Ich habe Compton von den Prinzipien erzählt", fuhr Blanche fort, „und Sie hätten hören sollen, wie er lachte; ich dachte, er wäre gestorben."

Dies muss eine vorherrschende Angst unter Mr. Comptons Freunden gewesen sein, wenn er sie mit einem Ausbruch von Gelächter beschenkte .

„Aber", sagte Blanche, „Compton sagte mir, ich solle meinen Onkel beruhigen, sobald ich wollte, denn er sei ‚die gleiche Religion wie alle anderen ‘ "

Die grammatikalische Anordnung dieses Satzes war vielleicht der geringste Reiz. Ein so tiefes Wissen über die verschiedenen doktrinären Nuancen, das damals die Welt erregte, muss Mr. Wardes Gefühle sehr aufgeheitert haben .

„Und", sagte Blanche, „sogar Compton sagt, dass es eine große Schande sei, dass du an diesen dummen Ort in … Shire verbannt wirst. Denn er sagt, du bist überaus hübsch, nur zu ruhig für seinen Geschmack. Es macht dir nichts aus." ‚Ich hoffe?" fügte Blanche hinzu, fürchtend, dass diese letzten Worte ein zu schwerer Schlag sein würden.

Nein. Margaret glaubte, dass sie es schaffen würde, diese Meinungsäußerung von Mr. Compton zu überleben, ebenso wie mehrere andere, mit denen er sie von Zeit zu Zeit bekannt gemacht hatte; Das vielleicht Auffälligste daran war, dass „er Schwarz hasste und es für eine Schande für Frauen hielt, es zu tragen." Und als er daran erinnert wurde, dass es manchmal unverzichtbar sei, hielt er es für „eine Schande, dass Menschen sterben".

Nichts erfrischte Margaret so sehr wie ein Brief von Elizabeth. Sie schien mit einer anderen Geistesordnung in Kontakt zu kommen. Elizabeth dachte oder sprach nie ein bisschen, und wie kurz oder wie allgemein ihr Brief auch sein mochte, die Vornehmheit ihres Wesens schien ihren Weg in die Handschrift zu finden.

In einem Brief, den Margaret zu diesem Zeitpunkt von ihr erhielt, erwähnte sie, dass sie in Paris von einem Stippvisite von Mr. Evan Conway überrascht worden seien. Er war auf dem Weg in die Pyrenäen; und war von seinem Reisegefährten enttäuscht gewesen. Herr Haveloc hatte vereinbart, mit ihm zu gehen, und schickte ihm plötzlich eine Entschuldigung, indem er sagte, dass ihn einige kürzliche Ereignisse für die Gesellschaft ungeeignet gemacht hätten. „Diese Hommage an die Erinnerung an Ihren Onkel, meine liebe Margaret, wird Ihnen sicher gefallen", fügte Elizabeth hinzu. Ich habe immer gedacht, dass Mr. Havelocs Charakter kein gewöhnlicher Charakter ist; aber das ist eine Gefühlstiefe, die wir heutzutage selten antreffen .

„Er ist alleine nach St. Petersburg aufgebrochen und hat viele englische Mütter im Unklaren darüber gelassen, ob er eine russische Frau mit nach Hause bringen wird."

Elizabeth fügte hinzu, dass der Rest der Conway- Familie in Deutschland sei, wo sie wahrscheinlich einige Zeit bleiben würden.

Margaret dachte lange über die in diesem Brief enthaltenen Informationen nach. War es allein die Trauer über den Verlust ihres Onkels, die Mr. Haveloc dazu veranlasste , die Gesellschaft seines Freundes abzulehnen? Hatte sich in sein Bedauern nicht auch Reue wegen seiner Unwahrheit sich selbst gegenüber vermischt? Hat er halb so viel erlitten wie sie? Sie wusste nichts, sie sollte niemals etwas von seinen Gefühlen erfahren. Sie waren für immer getrennt ; und vielleicht könnte er, wie Elizabeth sagte, eine russische Frau mit nach Hause bringen.

Diese Vorstellung kostete sie viele Tränen, obwohl sie sich ständig wiederholte, dass sie kein Interesse mehr an seiner Zukunft hatte.

Herr Warde erhielt eine positive Antwort von Frau Fitzpatrick. Aus seinem Bericht über Miss Capel ging hervor, dass sie sich ihrer eigenen Zufriedenheit mit der Vereinbarung sicher war. Sie befürchtete nur, dass ein so junger Mensch der Monotonie seines Zuhauses bald überdrüssig werden würde. In diesem Punkt war Margaret zuversichtlich. Es bereitete ihr große Freude, Mason mitzuteilen, dass der Tag ihrer Abreise feststand. Mason hob den

Blick; Sogar Ashdale war besser als der Ort, den sie besuchen wollten: „Aber es stand ihr nicht zu, sich zu beschweren."

Margaret kaufte vor ihrer Abreise das teuerste Armband, das der Juwelier in S. als Geschenk für Blanche machen konnte.

„Nehmen Sie es als Hochzeitsgeschenk an", sagte sie, „ich vertraue darauf, dass es so sein wird, wenn es zu Ihrem Glück dient."

Blanche war ins Schwärmen geraten – sie liebte Schmuckstücke sehr, und ein Armband der neuesten Mode, das mit Edelsteinen glitzerte und mehr Guineen kostete, als sie jemals besaß, reichte fast aus, um ihr Gehirn zu verwirren. Sie rannte von Zimmer zu Zimmer, um es allen zu zeigen; sie hat es angezogen; Sie nahm es ab und verstaute es in seinem marokkanischen Etui. Sie umarmte Margaret, sie lachte, sie tanzte Walzer und konnte schließlich auf Margarets Bemerkung antworten.

„Du liebes Geschöpf – das ist das Freundlichste, was du sagen kannst! Ein Hochzeitsgeschenk! Ja! Ich glaube es; er hat nichts gesagt, aber ich verstehe, was er meint. Hast du jemals seine Nase im Profil gesehen?"

Margaret hatte lediglich bemerkt, dass die Schärfe seiner Gesichtszüge etwas Elegantes an sich habe, was im Widerspruch zu der übermäßigen Unwissenheit seines Geistes zu stehen scheine; aber sie unterließ es, eine so offene Tatsachenerklärung abzugeben. Sie sagte lediglich, sie sei bereit, davon auszugehen, dass Mr. Compton in dieser Position glänzte.

Es geschah, dass sie am Abend, bevor sie Ashdale verließ, in ihrem eigenen Zimmer war und auf Mason blickte, der gerade den letzten Schliff für ihr Packen gab, als sie Mrs. Somerton und Mr. Compton zusammen in der Allee gehen sah, die eine Seite davon beschattete der Garten.

Mrs. Somerton schien sehr ernst zu sein; Mr. Compton war sehr verlegen. Manchmal erleichterte er sich seine Not, indem er versuchte, seinen Stock durchzubeißen; manchmal fing er die wenigen Blätter auf, die an den Zweigen über ihm hingen. Er wirkte wie ein Bild der Unbeholfenheit. Aber plötzlich blieb Mrs. Somerton stehen und schüttelte ihm inbrünstig die Hand, und sie gingen zusammen auf das Haus zu.

Margaret machte sich am nächsten Morgen zu früh auf den Weg, um zu erfahren, ob es Mrs. Somerton an diesem denkwürdigen Abend gelungen war, Mr. Compton zur Beichte zu bewegen; Doch etwa zwei Monate später erhielt sie ein paar mit Silberdraht zusammengebundene Karten mit den Namen von Mr. und Mrs. Compton, was sie zu der Annahme veranlasste, dass sie zufällig Zeuge der Krise der Angelegenheit geworden war.

Es war ein trauriger Herbsttag, an dem sie sich auf den Weg zu ihrem neuen Zuhause machte. Das ganze schöne Wetter schien mit einem Mal verschwunden zu sein. Es war kalt und windig und es regnete stetig. Margaret freute sich über die Gesellschaft von Mason in der Kutsche. Sie versuchte, weder an die Vergangenheit noch an die Zukunft zu denken – sie versuchte zu vergessen, dass sie zum ersten Mal nach Ashdale gekommen war , vor nicht mal einem Jahr; von dieser Einsamkeit, die sie erwartet hatte; und von den Ereignissen ihres ganzen Lebens, die sie in diesen Monaten durchgemacht hatte. Einige davon könnten nie wieder vorkommen, dachte sie. Sie könnte nie wieder einen Verwandten verlieren. Mr. Gray war der letzte, den sie besaß. Sie konnte nie wieder lieben und konnte daher nie wieder getäuscht werden. Was auch immer wolle, dachte sie, die Zukunft würde ruhiger sein als die Vergangenheit. Dennoch sah sie ihrem ersten Interview mit Mrs. Fitzpatrick mit großer Spannung entgegen. Ihre Schüchternheit kehrte stärker denn je zurück; sie fürchtete sich vor dem Ende ihrer Reise; und ihr Herz blieb vor Schreck stehen, als das Öffnen von Toren und das Bellen von Hunden sie warnten, dass sie in der Hütte angekommen war.

Sie sah eine große Gestalt in Schwarz in der Tür stehen, gutaussehend, blass, wie Lady Constance vor ihrer Zerstreuung. Es war ihre Gastgeberin, die gekommen war, um sie auf der Schwelle zu begrüßen: dieser malerische, aber veraltete Brauch.

„Ich fürchte, meine Liebe, Sie hatten einen sehr harten Reisetag", sagte Mrs. Fitzpatrick, als sie sie in den Salon führte.

Es war nichts in den Worten, aber die Stimme schien ihre Ängste in einem Moment zu zerstreuen. Sie blickte lächelnd auf, obwohl ihre Augen voller Tränen waren.

Mrs. Fitzpatrick empfand es als ebenso schwierig, sich zu fassen wie Margaret, aber sie hatten beide gelernt, die schwierige Aufgabe der Selbstbeherrschung zu meistern.

„Es war trist", sagte Margaret. „Das Feuer ist sehr angenehm."

Sie setzte sich und sah sich im Wohnzimmer um. Vor dem Fenster, wo sie Aveline am letzten Abend ihres Lebens gesehen hatte, waren die Vorhänge zugezogen. Da war das Sofa, auf dem sie lag; Sie erinnerte sich an die Geste von Herrn Haveloc , als er sich von ihr abwandte, um eines der Kissen anzuheben.

Sie schauderte.

Mrs. Fitzpatrick saß am Tisch und bereitete den Tee zu. Sie war außerordentlich blass, und ihre dunklen Augenbrauen verliehen ihrem Gesicht fast einen Ausdruck von Strenge, außer wenn sie lächelte.

"Immer noch kalt?" sagte sie und drehte sich mit einem dieser schönen Lächeln um; „Dir wird erst richtig warm, wenn du Tee getrunken hast. Kommst du an den Tisch, oder soll ich ihn dir bringen?"

Margaret legte ihren Hut ab und stellte einen Stuhl an den Tisch. Mrs. Fitzpatrick war überaus beeindruckt von ihrer Schönheit und der Anmut ihres Handelns, insbesondere von der erlesenen Helligkeit ihres Teints, die nicht so sehr auf Fairness als vielmehr auf eine eigentümliche Beschaffenheit der Haut zurückzuführen ist. Ein Dichter hat es mit „dem trüben Glanz, der um eine Perle schwebt" verglichen.

Sie trennten sich für die Nacht und waren sehr zufrieden miteinander. Und unsere ersten Eindrücke sind für uns selten falsch, wenn wir darauf achten, nicht darüber nachzudenken. Vernunft und Fantasie sind gute getrennte Leitfäden; aber ich weiß nicht, wie es ist, sie arbeiten nie gut zusammen. Aber Margaret versuchte nicht, über die Sache zu philosophieren . Sie legte ihren Kopf auf ihr Kissen mit dem vagen, aber entzückenden Bewusstsein, dass sie endlich ein ruhiges Zuhause gefunden hatte.

ENDE VON BAND. II.